Liridona Bajrami

Die Essenz meines Seins

Eine Reise zu mir selbst

Liridona Bajrami

Die Essenz meines Seins
Eine Reise zu mir selbst

Bibliografische Information der Deutschen Nationalbibliothek: Die Deutsche Nationalbibliothek verzeichnet diese Publikation in der Deutschen Nationalbibliografie; detaillierte bibliografische Daten sind im Internet über http://dnb.dnb.de abrufbar.

Lektorat: Liridona Bajrami
Korrektorat: Liridona Bajrami & Esra
Weitere Mitwirkende: Esra

Verlag: BoD · Books on Demand GmbH, In de Tarpen 42, 22848 Norderstedt

Druck: Libri Plureos GmbH, Friedensallee 273, 22763 Hamburg

ISBN: 978-3-7597-9571-7

Inhaltsverzeichnis

I

Vorwort

Hallo liebes ♥
ich freue mich, dass du dich entschieden hast, mein Buch zu lesen. Bestimmt fragst du dich, was dich in diesen Seiten erwarten wird. Ich habe meine persönlichen Erfahrungen niedergeschrieben und dabei festgestellt, dass wir Frauen oft vieles für uns behalten – sei es aus Scham, Angst vor Verurteilung oder der Befürchtung, nicht dazuzugehören.

Die gesellschaftlichen Normen, die uns von klein auf eingetrichtert wurden, lassen uns häufig glauben, dass wir uns verstellen müssen, um dazuzugehören. Doch lass mich dir eines vorab sagen: Du bist perfekt, so wie du bist. Vergiss nie, dass du, wenn du dich verstellst, nur dich selbst belügst und betrügst – das hast du nicht nötig.

In diesem Buch möchte ich meine Erfahrungen mit dir teilen, in der Hoffnung, dass sie dir helfen. Ich hoffe, dass meine Worte und Erlebnisse dich inspirieren und ermutigen können.
Nun, bist du bereit, diese Reise mit mir zu teilen?

Nach 15 Jahren habe ich mich entschlossen, die Antibabypille abzusetzen. Dieser persönliche Schritt bedeutet für mich eine grosse Veränderung, auch wenn es für manche vielleicht nicht weltbewegend erscheinen mag. Jede Frau hat ihre eigenen Gründe, warum sie sich entscheidet, die Pille abzusetzen – sei es aus dem Wunsch nach Kindern oder aus anderen Beweggründen. Hier möchte ich dir gerne erzählen, warum ich diesen Schritt gewählt habe und welche Bedeutung dies für mich hat.

Im Verlauf des Buches werde ich dir von meinen Erfahrungen und Gedanken berichten, die mich damals zur Pille geführt haben. Mein erster Besuch beim Frauenarzt, die Gespräche und Empfehlungen, die mich beeinflusst haben – all das hat dazu geführt, dass ich über viele Jahre hinweg die Pille genommen habe.

Für mich ist das Absetzen der Antibabypille ein bedeutender Schritt, der mit vielen Gedanken, Zweifeln und Hoffnungen verbunden ist. Es ist ein Schritt in Richtung meiner Natürlichkeit und einer bewussteren Verbindung zu meinem Körper. Ich freue mich darauf, meine Erfahrungen und Erlebnisse auf dieser Reise mit dir zu teilen und dich an meinem persönlichen Weg teilhaben zu lassen.

Vorab möchte ich dir etwas mitgeben. Bevor du dich auf diesen Weg begibst, ist es wichtig, einige Gedanken zu berücksichtigen. Die Entscheidung, die Antibabypille abzusetzen, ist ein grosser Schritt, der mit Herausforderungen und Veränderungen verbunden sein kann. Aus meinen eigenen Erfahrungen kann ich dir sagen, dass dieser Schritt nicht leicht sein wird und dass es wichtig ist, sich auf dies vorzubereiten.

Denke daran, dass du auf diesem Weg nicht allein wirst. Viele Frauen haben ähnliche Erfahrungen gemacht. Es ist entscheidend, auf dich selbst zu achten, auf deine Bedürfnisse zu hören und die Veränderungen in deinem Körper und deinem Leben anzunehmen.

Ich nahm die Antibabypille nicht aus Verhütungsgründen, sondern aufgrund meiner starken Menstruationsbeschwerden. Meine Menstruation war von heftigem Blutverlust begleitet, der zu Eisenmangel führte und die Schmerzen durch die Krämpfe waren unerträglich. In den ersten Tagen meiner Periode konnte ich mich vor Krämpfen kaum bewegen, dazu kamen Fieber und eine ausgeprägte Energielosigkeit. Der Schritt, die Pille abzusetzen, ist für mich sehr bedeutend- ich verspüre Angst.

Der Gedanken an die bevorstehenden Veränderungen bereitet mir Sorgen. Wie wird meine Menstruation sein? Werden die starken Krämpfe zurückkehren? Werde ich wieder mit Eisenmangel und Energielosigkeit zu kämpfen haben, wie es früher der Fall war? Der Gedanke daran, dass mein Körper sich erneut einstellen muss und ich möglicherweise mit alten Beschwerden konfrontiert werde, löst eine Mischung aus Angst und Unsicherheit in mir aus.

Das alles, ist für mich eine Herausforderung, welche ich mit Mut und Entschlossenheit angehen werde, auch wenn die Ängste präsent sein werden. Es ist ein Sprung ins Ungewisse, bei dem ich darauf vertraue, dass mein Körper seinen eigenen Weg finden wird.

Nachdem ich die Antibabypille abgesetzt habe, werde ich in meinem zweiten Buch ehrlich alle meine Erfahrungen festhalten. Dort werde ich ein Tagebuch führen, falls auch du diesen Schritt gehen möchtest, kannst du mich gerne im nächsten Buch begleiten. Es wird mir wichtig sein, meine Gedanken, Gefühle und Erlebnisse offen und transparent zu teilen, um anderen Mut zu machen und sie zu unterstützen.

Das Tagebuch wird meine täglichen Erfahrungen, Herausforderungen, Fortschritte und Rückschläge festhalten, damit du einen umfassenden Einblick in meinen Weg bekommst kannst und dich darin wiedererkennen oder inspirieren lassen kannst. Ich freue mich darauf, diese Reise mit dir zu teilen und dir auf deinem eigenen Weg zur Seite stehen zu dürfen.

Ich nehme seit etwa 8 Jahren die Mini-Pille, mit dieser habe ich seitdem überhaupt keine Menstruation mehr. Es ist wichtig zu verstehen, dass jede Frau unterschiedlich auf die Antibabypille oder Mini-Pille reagiert. Jede Frau ist einzigartig und das ist wunderbar- denn wir sind alle Unikate.

Mit dir werde ich hier, meine eigenen Erfahrungen teilen- bei dir könnte es möglicherweise anders sein. Die Antibabypille war für mich die Lösung, den Eisenmangel, welchen ich habe zu regulieren. Doch nun, da ich den Schritt wage, sie abzusetzen, kommen Ängste und Unsicherheiten hoch- der Sprung ins Ungewisse. Meine Gedanken kreisen um die möglichen Auswirkungen auf meinen Körper und meine Gesundheit.
Wird sich mein Körper schnell anpassen?
Werden die alten Beschwerden zurückkehren?
Wie werde ich mich ohne die künstlichen Hormone fühlen?

Es wird ein emotionaler Prozess, der von Mut, Zweifeln und Hoffnung begleitet werden wird. Ich möchte meine Reise mit dir teilen, um dir zu zeigen, dass du nicht allein bist, falls du ebenfalls diesen Schritt gehen möchtest. Jede Frau hat ihre eigene Geschichte und ihren eigenen Weg.

Ich werde auf jede einzelne Antibabypille, die ich genommen habe, genauer eingehen und dir so ehrlich wie möglich von meinen Erfahrungen diesen berichten können.

Meine Angst vor diesem grossen Schritt ist immens. Die Unsicherheit darüber, wie mein Körper reagieren wird, die Erinnerungen an vergangene Menstruationsbeschwerden und die vielen Fragen, die in meinem Kopf kreisen, setzen mir zu. Der Gedanke an die möglichen Nebenwirkungen und die Veränderungen, die auf mich zukommen könnten, löst ein Gefühl der Angst und Sorge in mir aus.

Es wird definitiv kein leichter Weg sein, doch ich bin bereit, ihn zu gehen und meine Erfahrungen mit dir zu teilen.

Mein Jahresvorsatz

Dieses Jahr habe ich mir viele Veränderungen vorgenommen, die ich umsetzen möchte. Mein Jahresvorsatz war es, mein Leben komplett zu verändern, denn ich sehnte mich danach, wieder die Frau zu sein, die ich wirklich bin. Doch bereits hier begann die Verwirrung in meinem eigenen Kopf: Wer bin ich wirklich?

Es ist ein Prozess der Selbstreflexion und des Selbstfindens, der mich dazu veranlasst hat, über meine Identität und meine Ziele nachzudenken. Die Frage nach meinem wahren Selbst und meinen innersten Wünschen hat mich zutiefst beschäftigt. Es ist nicht nur die äussere Veränderung, die ich anstrebe, sondern auch eine innere, die mein wahres Wesen zum Vorschein bringen soll.

Die Suche nach meiner wahren Identität und den Werten, die mich ausmachen, ist ein wichtiger Schritt auf meinem Weg der persönlichen Entwicklung. Es geht darum, authentisch zu sein, zu sich selbst zu stehen und den Mut zu haben, Veränderungen anzunehmen. Diese Reise der Selbstfindung ist nicht immer einfach, doch ich bin entschlossen, herauszufinden, wer ich wirklich bin und meinen Weg zu gehen.

Mein Jahresvorsatz war nicht, mich zu ändern, sondern mich selbst wiederzufinden. Ich sehnte mich danach, wieder ich selbst zu sein, mir selbst treu zu bleiben und gut für mich zu sorgen. Es ging darum, mich selbst zu akzeptieren, mit all meinen Facetten und Eigenheiten und vor allem, mich bedingungslos zu lieben. Dies war der Startpunkt meiner persönlichen Reise, bei der ich mich selbst zur Nummer 1 machte.

Es war an der Zeit, mich wieder mit mir selbst zu verbinden, meine Bedürfnisse und Wünsche zu erkennen und mich selbst zu respektieren. Die Entscheidung, mich selbst zu lieben, war ein Wendepunkt, der mir half, eine gesunde Selbstachtung und Selbstfürsorge zu entwickeln. Es ging darum, mir die Liebe und Aufmerksamkeit zu schenken, die ich verdiente, ohne mich selbst zu vernachlässigen oder zu überfordern.

Diese Reise der Selbstliebe und Selbstakzeptanz war nicht immer einfach. Sie erforderte Mut, Ehrlichkeit und Selbstreflexion, um alte Muster und Überzeugungen loszulassen und Platz für eine liebevolle Beziehung zu mir selbst zu schaffen. Es war eine Reise voller Herausforderungen, doch auch voller Wachstum und Selbstentwicklung. Vergiss eins nicht: Diese persönliche Reise wird dich und mich das ganze Leben begleiten.

Indem ich mich zu meiner Nummer 1 machte, lernte ich, dass Selbstliebe der Schlüssel zu einem erfüllten Leben ist. Es war der Beginn einer tiefgreifenden Reise, die mich dazu brachte, mich selbst in einem neuen, strahlenden Licht zu sehen und den Mut zu finden, mich auf eine Reise der Selbstentdeckung und Selbstverwirklichung zu begeben.

Jetzt möchte ich dir einen ehrlichen Einblick in mein Leben gewähren und meine Erfahrungen mit dir teilen. Vielleicht erkennst du dich in Teilen meiner Geschichte wieder und das ist vollkommen in Ordnung. Wenn du ähnliche Erfahrungen gemacht hast oder ähnliche Gefühle empfunden hast, möchte ich dir sagen: Du bist nicht allein. Auch ich habe ähnliche Situationen durchlebt und bin durch einen Sturm von Emotionen gegangen. Und glaube mir, es ist nicht nur unser beider Kampf; viele Menschen auf der Welt haben ähnliche Herausforderungen gemeistert.

Es ist wichtig zu verstehen, dass wir in unseren Kämpfen und Schwierigkeiten nicht allein sind. Auch wenn wir bisher den Weg allein gegangen sind, können wir ab heute gemeinsam kämpfen. Der Gedanke, dass wir uns gegenseitig unterstützen, ermutigen und voneinander lernen können, ist ein wahrhaft tröstlicher.

Mein Leben im Spiegel der Selbstreflektion

Als Kind hegte ich den innigen Wunsch, die Nummer 1 bei meinen Eltern zu sein. Es war stets meine tiefste Sehnsucht, von ihnen genauso geliebt zu werden wie mein älterer Bruder. Doch oft nagte der schmerzhafte Gedanke an mir, dass Mädchen weniger wert sind und ich nicht die gleiche Zuneigung erhielt. Jahr für Jahr versprach ich mir, dass ich im nächsten Jahr das Lieblingskind meiner Eltern sein würde, doch die Realität fühlte sich oft anders an. Und dann, wie aus heiterem Himmel, nach sechs langen Jahren, bekam ich einen kleinen Bruder.

Plötzlich zerbrach mein Traum, das Lieblingskind meiner Eltern zu werden. Ich liebe meinen jüngeren Bruder über alles. Er ist nicht nur mein Bruder, sondern auch mein bester Freund und ich würde alles für ihn tun. Doch als Kind empfand ich einen tiefen, verwirrenden Hass gegen ihn. Ich fühlte, als hätte er mir meinen Platz weggenommen.

Er benötigte viel Aufmerksamkeit und ich fühlte mich oft praktisch unbeachtet und übergangen. Ich wollte ihn lieben, doch gleichzeitig fühlte ich mich von ihm bedroht, als würde er die Zuneigung meiner Eltern in Anspruch nehmen, die ich mir so sehr wünschte. Diese inneren Konflikte waren wie ein Sturm in meinem Herzen, der mich oft in die Einsamkeit trieb. Es war eine schmerzhafte Erkenntnis, dass ich lernen musste, mit diesen Gefühlen umzugehen, während ich gleichzeitig versuchte, die Liebe zu meinem Bruder zu bewahren.

Tief in mir wusste ich, dass die Liebe, die ich für ihn empfand, echt war – doch die Eifersucht, die mich plagte, machte es zu einer Herausforderung, diese Liebe zuzulassen. Diese Zeit lehrte mich viel über die Komplexität von Beziehungen und die Kämpfe, die wir in uns tragen, während wir versuchen, einen Platz in dem Herzen der Menschen zu finden, die wir lieben.

Wenn sich mein jüngerer Bruder ungezogen verhielt, wurde ich bestraft, denn ich war die ältere Schwester und sollte auf ihn achten. Diese Verantwortung fühlte sich für mich oft wie eine erdrückende Last an und mein Hass auf ihn war überwältigend. Ich war frustriert und fühlte mich ungerecht behandelt.

Im Laufe der Jahre erkannte ich jedoch, dass mein Hass eigentlich ein tiefes Verlangen nach Aufmerksamkeit von meinen Eltern war, das nicht erfüllt wurde. Ich sehnte mich danach, gesehen und gehört zu werden und fühlte mich oft vernachlässigt und übersehen. Mein Hass war ein Ausdruck meiner eigenen unerfüllten Bedürfnisse.

Diese Einsicht war schmerzhaft, doch befreiend. Ich begann zu verstehen, dass mein Bruder nicht die Ursache meines Unglücks war, sondern ein unschuldiges Kind, das seinen Platz suchte. Ich erkannte, dass ich lernen musste, meine Bedürfnisse zu äussern, anstatt sie in Wut zu vergraben.

Diese Reise half mir, nicht nur die Beziehung zu meinem Bruder zu heilen, sondern auch zu mir selbst. Ich fand den Mut, meine eigenen Gefühle anzunehmen und entdeckte, dass die Liebe zu meinem Bruder immer schon da gewesen war – verborgen unter den Schatten meiner Unsicherheiten.

Mit der Zeit und durch intensive Selbstreflexion erkannte ich, dass mein Bruder nicht das Problem war, sondern vielmehr meine eigenen unerfüllten Bedürfnisse und Emotionen. Diese Einsicht war wie ein Lichtstrahl, der mir half, die Schatten meiner Kindheit zu durchdringen. Als mir klar wurde, dass mein Bruder keine Schuld an meinen Gefühlen trug, wurde mir auch bewusst, dass ich bereits in den sechs Jahren vor seiner Geburt nicht die Aufmerksamkeit bekam, die ich mir so sehr wünschte.

Ich begann zu verstehen, dass er, genau wie ich, nach Liebe und Zuneigung strebte, nur auf eine andere, aktivere Weise. Während ich in meinen eigenen Unsicherheiten gefangen war, suchte er auf seine kindliche Art nach Bestätigung und Anerkennung. Obwohl seine Art, Aufmerksamkeit zu fordern, anders war, lag das zugrunde liegende Bedürfnis bei uns beiden auf dieselbe Weise: der innige Wunsch, gesehen und gehört zu werden.

Diese Erkenntnis war befreiend. Sie half mir, meinen Bruder in einem neuen Licht zu sehen – nicht als Rivalen, sondern als ein weiteres verletztes Herz, das nach Liebe strebt. Ich lernte, meine eigene Verletzlichkeit anzunehmen und zu erkennen, dass wir beide in unseren Kämpfen nicht allein waren. Diese Verbindung half mir, meine Wut abzubauen und Mitgefühl zu entwickeln, nicht nur für ihn, sondern auch für mich selbst.

Meine Eltern kamen in ein fremdes Land, wo sie die Sprache nicht richtig beherrschten und sich unermüdlich abmühten, um unser Überleben zu sichern. Sie arbeiteten Tag und Nacht, um uns eine Bildung zu ermöglichen, die sie selbst nie hatten. In ihrer Hingabe und Opferbereitschaft lag eine tiefe, bedingungslose Liebe zu uns, die ich erst mit der Zeit wirklich zu schätzen lernte.

Wenn ich manchmal darüber nachdenke, was meine Eltern alles geleistet haben, um uns ein besseres Leben zu ermöglichen, durchströmt mich ein überwältigendes Gefühl der Dankbarkeit und Bewunderung. Sie haben unzählige Opfer gebracht, ihren eigenen Traum zurückgestellt und sich in einer für sie oft feindlichen Umgebung durchgekämpft. Ich wünsche mir, genauso stark und entschlossen zu sein, wie sie – ihre Widerstandsfähigkeit inspiriert mich.

Sie haben mir gezeigt, was es bedeutet, bedingungslos für die Familie einzustehen und alles für das Wohl der Liebsten zu geben. Ihre Liebe ist wie ein unsichtbares Band, das uns verbindet und mir die Kraft gibt, in schwierigen Zeiten durchzuhalten.

Als mein Vater in jungen Jahren auswanderte, um seiner Familie ein Leben mit all den Möglichkeiten zu ermöglichen, die er selbst nie hatte, wurde mir schmerzlich bewusst, welch unglaubliche Opfer er für uns brachte. Es berührt mich zutiefst zu wissen, dass er als Kind und Jugendlicher viele Träume hatte und ich bewundere, wie er mit unermüdlicher Hingabe und harter Arbeit so viele dieser Träume Wirklichkeit werden liess.

Mein Vater war immer ein Visionär. Wenn er sich etwas in den Kopf setzte, gab es kein Halten mehr. Mit unbändigem Willen und unerschütterlichem Einsatz kämpfte er für seine Ziele. Er arbeitete hart, oft bis zur Erschöpfung, um seine Träume zu verwirklichen. Sein unerschütterlicher Glaube an sich selbst und seine Entschlossenheit waren für mich stets eine Quelle der Inspiration. Er zeigte mir, was es bedeutet, mutig zu sein und für das zu kämpfen, was man im Herzen trägt.

Die Geschichten und Erinnerungen an die Entschlossenheit meines Vaters erfüllen mich mit unendlichem Stolz und Dankbarkeit. Er hat uns gelehrt, dass Träume wahr werden können, wenn man bereit ist, hart dafür zu arbeiten und niemals aufzugeben. Diese Lehren sind für mich wie ein Licht, das mir den Weg weist, selbst in den dunkelsten Zeiten.

Sein Beispiel hat mir die Überzeugung gegeben, dass jeder Traum erreichbar ist, wenn man fest daran glaubt und bereit ist, alles dafür zu geben. Ich bin zutiefst dankbar für die Werte und die lebensbejahende Einstellung, die mein Vater mir vermittelt hat. Durch seine Taten und seine unermüdliche Liebe hat er mir nicht nur den Glauben an meine eigenen Träume geschenkt, sondern auch die Kraft, an mich selbst zu glauben und stets weiterzugehen – egal, wie steinig der Weg auch sein mag.

In meinen Gedanken spiegelt sich die Überzeugung wider, dass ich viele Eigenschaften von meinem Vater geerbt habe: den Mut zu kämpfen, die Zielstrebigkeit und den unerschütterlichen Willen, meine Träume zu verwirklichen. Doch im Rückblick muss ich eingestehen, dass mein Gefühl, nicht geliebt zu werden, oft nur meine eigenen Empfindungen und Wahrnehmungen waren.

Die Realität war eine andere, geprägt von den unzähligen Herausforderungen, denen meine Eltern tagtäglich gegenüberstanden. Sie kämpften mit so viel mehr, als ich mir je vorstellen konnte. Sie mussten dafür sorgen, dass wir überlebten, unsere Bildung sichern, Rechnungen bezahlen und eine Existenz aufbauen. Ihr unermüdlicher Einsatz und ihre Opferbereitschaft kannten keine Grenzen, denn sie kämpften nicht nur für uns, sondern auch für ihre Familie im Kosovo.

Der Zusammenhalt innerhalb der Familie hatte für sie oberste Priorität und sie waren bereit, alles zu geben, um ihren Liebsten ein besseres Leben zu ermöglichen.

Die Last, die meine Eltern auf ihren Schultern trugen, war erdrückend und dennoch haben sie niemals aufgegeben. Ihr unbeirrbarer Einsatz und ihre bedingungslose Liebe prägten mich und zeigten mir, was es bedeutet, für die Familie zu kämpfen. Ihre Opfer und ihr unermüdlicher Wille offenbarten mir, dass wahre Stärke in der Liebe und Fürsorge für die Familie liegt.

Wenn ich daran denke, wie sie sich fühlten, als wir kurz vor dem Ausbruch des Krieges in Kosovo in die Schweiz kamen, überkommt mich eine tiefe Traurigkeit. In ständiger Sorge um ihre Familie im Kriegsgebiet lebten sie in Angst und Unsicherheit. Die unermessliche Last, die sie trugen, war spürbar und belastete ihre Seelen.

Es fällt mir schwer, in Worte zu fassen, wie herausfordernd diese Zeit für sie gewesen sein muss. Die Gedanken an die schrecklichen Ereignisse in Kosovo rufen in mir eine Mischung aus Trauer und Verzweiflung hervor. Trotz all der Qualen blieben sie stark und kämpften unermüdlich für das Wohl ihrer Familie, sowohl hier in der Schweiz als auch im Kosovo.

Die Erinnerungen an diese schwere Zeit berühren mich zutiefst und bringen Tränen in meine Augen. Es ist kaum in Worte zu fassen, wie tief der Schmerz und die Trauer in meinem Herzen sitzen. Gleichzeitig zeigen sie mir die unermüdliche Stärke und den unerschütterlichen Zusammenhalt meiner Familie in den dunkelsten Momenten.

Obwohl wir den Schmerz des Krieges nicht direkt erlebt haben, war es mindestens genauso schmerzhaft zu wissen, dass wir machtlos waren. Jeden Tag lebten wir in der Angst, dass unserer Familie etwas zustossen könnte. Diese unerträgliche Ohnmacht und die quälenden Gedanken an das Schicksal unserer Liebsten begleiteten uns ständig.

Wir können uns glücklich schätzen, dass niemand aus unserer Familie dem Krieg zum Opfer fiel. Doch der Schmerz der Ungewissheit und der Hilflosigkeit sass tief in unseren Herzen und hinterliess bleibende Spuren. Die ständige Sorge um das Wohl unserer Verwandten prägte uns und raubte uns den Atem, während wir in dieser bedrückenden Last lebten.

Nach dem Krieg offenbarte sich jedoch die wahre Stärke und der unerschütterliche Zusammenhalt unserer Familie. Gemeinsam standen wir füreinander ein, trösteten uns und gaben uns Halt in dieser schweren Zeit. In diesen Momenten lernten wir, dass die Familie das Wichtigste im Leben ist und dass wir jede Herausforderung gemeinsam meistern können. Die Erlebnisse dieser Zeit lehrten uns, wie kostbar der Zusammenhalt ist und wie stark wir werden, wenn wir Seite an Seite durch schwierige Zeiten gehen.

Die Liebe, die ich in meiner Familie erlebte und bis heute spüre, ist kostbarer als alles andere auf der Welt. Nach den Schrecken des Krieges unternahmen wir in den Sommerferien eine Reise zurück nach Kosovo. Das Land war gezeichnet von Zerstörung und Trauer, doch für mich bedeutete es alles, wieder in meiner Heimat zu sein.

Die Erinnerungen an die Strassen, die traurigen Gesichter der Menschen und die Überreste dessen, was einst war, liessen mein Herz schwer werden. Doch die Schönheit der Berge, die Weite der Landschaft und die Wärme der Menschen berührten meine Seele und erfüllten mich mit einem tiefen Gefühl von Heimat und Zugehörigkeit. In diesem Moment spürte ich, dass trotz aller Verwundungen und Verluste, die Liebe zu unserer Heimat und zueinander unvergänglich war.

Es war ein ambivalenter Moment voller Kontraste – zwischen Trauer und Hoffnung, zwischen Vergangenheit und Zukunft. Doch inmitten all dieser Gefühle spürte ich die bedingungslose Liebe meiner Familie, die uns zusammenhielt. Der Zusammenhalt und die Wärme, die ich erlebte, zeigten mir, dass die Liebe in meiner Familie stärker ist als jede Zerstörung und jeder Schmerz.

Dieser kostbare Augenblick machte mir bewusst, wie wichtig es ist, die Liebe und den Zusammenhalt in der Familie zu schätzen und zu bewahren. Wenn ich daran denke, mit welchen unvorstellbaren Herausforderungen und Ängsten meine Eltern tagtäglich konfrontiert waren, verstehe ich nun, warum sie mich nicht immer an die erste Stelle setzen konnten. Ihr Leben war geprägt von kämpfen ums Überleben, Sorgen um unsere Zukunft und der ständigen Angst um ihre Familie im Kosovo.

Die Last, die sie trugen, war erdrückend und ihre Ängste waren unermesslich. Doch in ihrer Hingabe und Opferbereitschaft für uns offenbarte sich ihre wahre Grösse. Sie kämpften unermüdlich für ein besseres Leben und trotz aller Schwierigkeiten und Entbehrungen verloren sie nie den Mut oder die Hoffnung.

Heute, da ich die Opfer und die Liebe meiner Eltern noch tiefer schätze, verstehe ich, warum sie nicht immer die Zeit und Aufmerksamkeit hatten, um mich an die erste Stelle zu setzen. Ihr Engagement galt der gesamten Familie und dem Wohl aller, die ihnen am Herzen lagen.

Ihre bedingungslose Liebe und ihr unermüdlicher Einsatz haben mich geprägt und gezeigt, was es bedeutet, füreinander einzustehen und gemeinsam Herausforderungen zu meistern. Die Erkenntnis, dass sie so viel mehr zu bewältigen hatten, als ich je erahnte, erfüllt mich mit tiefem Respekt und Dankbarkeit.

Ihre Hingabe und Opferbereitschaft lehren mich, was es bedeutet, bedingungslos für die Familie da zu sein. Ich bin unendlich dankbar für ihre Stärke, die uns als Familie zusammengehalten und gestärkt hat.

Natürlich beschäftigten sich meine Eltern mehr mit meinen Brüdern, denn Jungs sind oft aktiver und benötigen vielleicht etwas mehr Aufmerksamkeit. Ich hingegen war von Natur aus ruhiger und zurückhaltender. Schon als Kind war ich introvertiert, still und selbst wenn ich sprach, war meine Stimme leise und zart.

Als wir mit vier Jahren in die Schweiz zogen, wurde meine Welt auf den Kopf gestellt. Plötzlich war meine geliebte Grossmutter nicht mehr da und ich fand mich in einem fremden Land wieder, umgeben von Menschen, deren Sprache ich nicht verstand. Wo war ich hier? Was geschah mit meiner vertrauten Umgebung?

Die Verwirrung, Hilflosigkeit und Einsamkeit, die ich in dieser Zeit fühlte, prägten mich nachhaltig. Überwältigt von den Veränderungen und neuen Eindrücken fühlte ich mich verloren und nicht verstanden. In dieser fremden Welt wuchs die Sehnsucht nach meiner Familie und meiner Heimat in mir und sie hinterliess eine tiefe Lücke in meinem Herzen. Diese Erinnerungen begleiten mich bis heute und erinnern mich daran, wie stark der Wunsch nach Zugehörigkeit und Vertrautheit sein kann.

Diese Erfahrung hat mich tief geprägt und geformt. Sie lehrte mich, mich in neuen Situationen zurechtzufinden und meine eigenen Ängste zu überwinden. Sie zeigte mir, wie wichtig es ist, sich selbst treu zu bleiben und den Mut zu haben, neue Wege zu beschreiten. Die Erinnerungen an diese Zeit sind noch immer lebendig in mir und haben mich zu der Person gemacht, die ich heute bin.

Die Herausforderungen haben mir beigebracht, dass Veränderungen und neue Situationen zwar beängstigend sein können, aber auch Chancen für persönliches Wachstum und Entwicklung bieten. Als Kind war es für mich nicht leicht und vieles war schwer zu verstehen. In der Schweiz wurde ich als Kosovarin wahrgenommen, als Ausländerin. Doch als ich nach Kosovo zurückkehrte, wurde ich plötzlich als Schweizerin betrachtet – wieder eine Fremde, die nicht dazugehörte.

Diese ständige Hin- und Her Gerissenheit liess mich in einem Identitätskonflikt gefangen, der mich zutiefst verwirrte. Die quälende Frage, wer ich wirklich bin, wurde zu einem ständigen Rätsel. In beiden Welten fühlte ich mich fremd und unverstanden, unfähig, meinen Platz zu finden und meine Identität zu definieren. Die Vorurteile der Gesellschaft liessen mich an mir selbst und meinem Wert zweifeln und der Kampf um Zugehörigkeit hinterliess tiefe Spuren in meinem Herzen.

Ich kämpfte mit mir selbst, mit meinen Zweifeln und Ängsten und versuchte verzweifelt, meinen Platz in der Welt zu finden. Die Ungewissheit und die Einsamkeit, die mich in dieser Zeit begleiteten, hinterliessen tiefe Spuren in meiner Seele. Doch trotz all der Herausforderungen, denen ich gegenüberstand, prägte und stärkte mich diese innere Auseinandersetzung. Sie zeigte mir, dass es in Ordnung ist, anders zu sein; dass meine Vielfalt und meine Wurzeln mich einzigartig machen.

Die Erkenntnis, dass ich nicht in Schubladen gesteckt werden kann, gab mir die Freiheit, meinen eigenen Weg zu gehen und meine eigene Identität zu formen. Diese Erfahrung lehrte mich, dass wahre Stärke darin liegt, sich selbst zu akzeptieren und zu lieben, unabhängig von den Erwartungen anderer.
Ich begann, die Schönheit meiner Unterschiede zu erkennen und sie als Teil meines Wesens zu feiern. Diese Reise zur Selbstakzeptanz war nicht immer einfach, aber sie führte mich zu einem tieferen Verständnis meiner selbst. Ich fand den Mut, meine Stimme zu erheben und für meine Überzeugungen einzustehen.

Mittlerweile weiss ich, dass meine Geschichte nicht nur meine eigene ist, sondern auch die vieler anderer, die ähnlichen Kämpfe durchleben. Diese Erkenntnis erfüllt mich mit Hoffnung und Mitgefühl – für mich selbst und für all jene, die auf ihrer eigenen Reise sind.

Heute weiss ich, dass ich beides bin. Ich liebe die Schweiz, habe viele wundervolle Menschen kennen und schätzen gelernt. In der Schweiz fand ich nicht nur eine Heimat, sondern auch Menschen, die mich unterstützten und an mich glaubten. Die Vielfalt, die Offenheit der Schweizer/innen, zeigt mir wie wertvoll es ist, eine Schweizerin zu sein. Auch die Schönheit der Schweiz und die Natur ist atemberaubend.

Doch auch Kosovo trägt einen besonderen Platz in meinem Herzen. Die Liebe zu unseren Traditionen, der starke Familienzusammenhalt und die tiefe Verbundenheit mit unserer Kultur sind ein Teil von mir, den ich zutiefst schätze. In Kosovo finde ich meine Wurzeln wieder und bin stolz darauf.

Ich habe das Glück, zwei Nationen in meinem Herzen zu tragen und diese Vielfalt bereichert mein Leben auf vielfältige Weise. Die Erfahrungen, die ich in beiden Ländern gemacht habe, haben mich geprägt und zu der Person gemacht, die ich heute bin. Ich bin dankbar für die Liebe und Unterstützung, die ich sowohl in der Schweiz als auch in Kosovo erfahren durfte und für die Möglichkeit, die Schönheit und die Besonderheiten beider Kulturen zu erleben.

Ich trage die Schweiz und Kosovo gleichermassen in meinem Herzen und fühle mich reich beschenkt, zwei so wundervolle und vielfältige Nationen zu kennen und zu lieben. Diese Vielfalt macht mich zu dem, was ich bin und ich bin stolz, meine Wurzeln und meine Identität in beiden Ländern zu haben.

Es ist nur eine Vermutung, doch ich glaube, dass meine Depressionen von der Einnahme der Antibabypille kamen. Trotz all der Herausforderungen und Erlebnisse meiner Kindheit war ich einst der lebensfrohste Mensch auf Erden. Die Freude am Leben sprudelte in mir wie ein klarer Wasserfall und ich genoss jeden Moment in vollen Zügen.

Doch mit der Einnahme der Antibabypille begann sich etwas in mir zu verändern. Langsam und schleichend zogen dunkle Wolken über meinem Gemüt auf und ich fand mich plötzlich in einem Strudel aus negativen Gedanken und überwältigenden Gefühlen gefangen. Die Depressionen schlichen sich unbemerkt in mein Leben und raubten mir nach und nach die Lebensfreude, die mich einst so strahlend ausgezeichnet hatte.

Die Vermutung, dass die Antibabypille meine Depressionen ausgelöst haben könnte, erfüllt mich mit einer tiefen Nachdenklichkeit und lässt mich die Tragweite dieser Erkenntnis spüren. Es ist ein schmerzhafter Gedanke, dass etwas, das mir helfen sollte, stattdessen so tiefgreifende und verheerende Auswirkungen auf mein seelisches Wohlbefinden hatte.

Ich fühle mich, als ob ich in einem Schatten gefangen bin, der mich von der Welt und von mir selbst trennt. Die innere Leere, die diese Dunkelheit mit sich bringt, ist erdrückend und lässt mich oft hilflos zurück. Es ist schwer zu akzeptieren, dass ich mich in einem Kampf befinde, den ich nicht vollständig verstehe und dass ich von etwas betroffen bin, von dem ich dachte, es würde mich unterstützen.

Trotz allem hoffe ich, dass ich eines Tages den Mut finde, wieder das Licht zu suchen und die Freude am Leben zurückzugewinnen. Denn tief in mir weiss ich, dass die lebensfrohe Person, die ich einmal war, noch immer existiert, verborgen unter den Wolken, die ich zu vertreiben versuche.

Als ich begann, die Antibabypille zu nehmen, fühlte ich mich von meinen Mitmenschen nicht genug wertgeschätzt. Egal, wie sehr ich mich bemühte oder wie perfekt ich sein wollte, ich war nie die Nummer 1 in ihren Augen. Immer hatte ich das quälende Gefühl, dass ich mehr tun müsste, um geliebt zu werden und um Anerkennung zu erhalten. In meinem Kopf war der Gedanke fest verankert, dass ich ohne die Liebe und Bestätigung anderer nicht überleben konnte.

Obwohl ich von Liebe und Zuneigung umgeben war, konnte ich es nicht sehen oder fühlen. Es war, als ob ein unsichtbarer Schleier zwischen mir und der Welt lag, der meine Wahrnehmung trübte. Immer wieder nagte diese sentimentale Unsicherheit an mir, dieses lähmende Gefühl, nicht genug zu sein, obwohl es keinen rationalen Grund dafür gab. Ich war gefangen in einem Teufelskreis aus Selbstzweifeln und dem ständigen Drang, alles zu geben, um geliebt zu werden. Die Angst vor der Einsamkeit trieb mich an, mich selbst zu opfern und mein eigenes Wohl hinter das Bedürfnis nach Anerkennung zu stellen.

Es war eine quälende Erfahrung, in einem ständigen Kampf, um Anerkennung und Liebe zu stehen, der tief in meinem Innersten nagte und mich unglücklich machte. Trotz all der Fürsorge und der Liebe, die mir entgegengebracht wurden, gefiel ich mir selbst nicht genug. Es war, als ob ich in einem Gefängnis aus Selbstzweifeln lebte, aus dem es kein Entkommen gab. Die ständige Sorge, nie gut genug zu sein, war wie ein Schatten, der mich verfolgte und mir das Licht raubte.

Ich sehnte mich nach Freiheit von diesem inneren Konflikt und nach der Fähigkeit, die Liebe, die ich erhielt, wirklich anzunehmen. Es war ein schmerzhafter Kampf, der mich oft an die Grenzen meiner Kraft brachte und mir die Freude an kleinen Dingen raubte.

Tief in mir wusste ich, dass ich eines Tages lernen würde, mich selbst zu lieben und zu akzeptieren – so, wie ich bin. Der Weg dorthin mag steinig sein, doch ich war entschlossen, mich nicht aufzugeben. Ich stellte mir vor, wie es wäre, die Ketten der Unsicherheit zu sprengen und mit einem offenen Herzen durch die Welt zu gehen.

Diese Vorstellung gab mir Hoffnung und Motivation. Ich hoffe, dass ich die Kraft finden werde, zu erkennen, dass ich genug bin – einfach so, wie ich bin. Jeder Schritt in Richtung Selbstakzeptanz ist ein kleiner Sieg und ich bin bereit, diesen Weg zu gehen.

Heute sehe ich mit Klarheit, wie sehr mich diese Gedanken und Ängste geprägt haben. Die Erkenntnis, dass ich Liebe und Anerkennung nicht im Aussen suchen muss, sondern sie in mir selbst finden kann, hat mir geholfen, einen wichtigen Schritt auf dem Weg zur Selbstakzeptanz und Selbstliebe zu gehen. Es ist ein langer Prozess, doch ich bin dankbar für die Einsicht, dass wahre Liebe zuerst von innen kommt, bevor sie im Aussen gefunden werden kann.

Da war mein erster Fehler: Wie konnte ich erwarten, dass ich für jemanden die Nummer 1 bin, wenn ich selbst nicht meine eigene Nummer 1 war? Wie konnte ich darauf hoffen, wertgeschätzt zu werden, wenn ich mich selbst nicht wertschätzte? Diese Erkenntnis trifft mich tief, denn ich habe mich selbst nicht genug geachtet und geliebt. Wie konnte ich von anderen Menschen Respekt und Anerkennung erwarten, wenn ich mir selbst nicht diesen Respekt entgegenbrachte?

Es war eine schmerzhafte Wahrheit, die ich mir eingestehen musste. Ich behandelte mich selbst nicht mit der Liebe und dem Respekt, den ich von anderen erwartete und dennoch verlangte, ich Bestätigung von aussen. Ich war gefangen in einem Netz aus Erwartungen und Enttäuschungen, das mich immer weiter von mir selbst entfernte.

Die Einsicht, dass ich mir selbst gegenüber nicht die nötige Wertschätzung und Liebe empfand, hat mich tief berührt und zum Nachdenken gebracht. Wie konnte ich erwarten, dass andere mich respektieren und achten, wenn ich es selbst nicht konnte? Es war ein schmerzhafter Prozess der Selbsterkenntnis, der mir zeigte, dass wahre Selbstliebe der Schlüssel zu echter Erfüllung und innerem Frieden ist.

Heute, mit klarerem Blick, bin ich auf dem Weg, mich selbst anzunehmen und zu respektieren. Ich lerne, mir selbst die Liebe und den Respekt entgegenzubringen, die ich verdient habe. Es ist ein heilsamer Prozess der Selbstreflexion und des Wachstums, der mir zeigt, dass wahre Stärke darin liegt, sich selbst anzunehmen und zu lieben, bevor man es von anderen erwarten kann.

Ich erkannte nicht, dass ich mich selbst vernachlässigte, um den Ansprüchen und Erwartungen anderer gerecht zu werden. Meine Existenz schien darauf ausgerichtet zu sein, es allen recht zu machen, um nicht allein dazustehen. Mein eigenes Wohlergehen und meine Bedürfnisse gerieten dabei immer weiter in den Hintergrund, während ich, wie ein Marionettenspieler, die Erwartungen und Wünsche anderer erfüllte.

Es war ein perfektes Bild nach aussen hin, eine sorgfältig inszenierte Fassade, die makellos funktionierte und keine Schwächen zeigte. Jeder bewunderte mich für meine scheinbare Stärke und Selbstsicherheit, doch im Inneren nagten Zweifel, Leere und Einsamkeit an mir. Diese inneren Kämpfe schienen mich langsam auszuhöhlen und erdrückten meine Seele, während ich versuchte, das Bild aufrechtzuerhalten, das andere von mir hatten.

Der Virus des Selbstzweifels und der Selbstverleugnung breitete sich unaufhaltsam aus, während ich weiterhin die Erwartungen anderer erfüllte und meine eigenen Bedürfnisse ignorierte. Ich stellte meine Wünsche und Träume hinten an, um anderen gerecht zu werden und verlor dabei mich selbst.

Doch irgendwann kam der Wendepunkt. Ich begann zu lernen, meine eigenen Bedürfnisse und Wünsche ernst zu nehmen und für mich einzustehen. Dieser Prozess war nicht einfach; er erforderte Mut und Entschlossenheit. Es ist ein heilsamer Weg, der mir zeigt, dass wahre Stärke darin liegt, authentisch zu sein und sich selbst treu zu bleiben. Auch wenn es bedeutet, von der vorgegebenen Norm abzuweichen, ist es der einzige Weg, um inneren Frieden und Erfüllung zu finden.

Als ich begann, die Mini-Pille zu nehmen, verschlimmerte sich mein Zustand massiv. Es fällt mir schwer, die Mini-Pille allein dafür verantwortlich zu machen, doch im Laufe der Zeit bin ich zu der Überzeugung gelangt, dass sie massgeblich dazu beigetragen hat, meinen Zustand zu verschlechtern.

Es war eine schmerzhafte Erfahrung zu erkennen, dass ein vermeintlich harmloses Medikament solch tiefgreifende Auswirkungen auf mein Wohlbefinden haben konnte. Die Hilflosigkeit, die ich empfand, als ich merkte, dass sich mein seelischer Zustand verschlechterte, war überwältigend. Die Mini-Pille, die eigentlich dazu dienen sollte, mein Leben zu erleichtern, schien mir das Gegenteil zu bringen.

Heute, mit der Gewissheit darüber, wie sehr die Mini-Pille meinen Zustand verschlimmert hat, bin ich dankbar für die Erkenntnis. So lernte ich, wie wichtig es ist, auf die Signale meines Körpers und meiner Seele zu achten und achtsam mit meiner Gesundheit umzugehen.

Dieser Virus war lange Zeit in mir, er zeigte sich immer wieder, doch ich entschied mich bewusst, ihn zu ignorieren. Ich fühlte den Schatten über mir, spürte die Dunkelheit in mir aufsteigen, doch ich musste perfekt sein, ich musste funktionieren. Die Angst davor, Schwäche zu zeigen, trieb mich an, immer wieder alles zu verdrängen und zu unterdrücken.

Ich machte mir vorm, dass alles in Ordnung war, dass ich stark genug war, um mit meinen inneren Dämonen allein fertig zu werden. Doch je mehr ich versuchte, meine Gefühle zu ignorieren, desto mehr verschlimmerte sich mein Zustand massiv. Er frass sich langsam, doch unaufhaltsam, in mein Innerstes. Ich spürte, wie er meine Persönlichkeit, meine Lebensfreude und mein Glück zu verschwinden drohte.

Die bewusste Entscheidung, meine Gefühle zu ignorieren, hätte mich beinahe alles gekostet: meine Persönlichkeit, mein inneres Glück und fast sogar mein Leben. Ich kämpfte einen einsamen Kampf gegen meine eigenen Ängste und Zweifel, ohne zu erkennen, dass ich mich selbst dabei verlor. Die Last, die ich trug, wurde immer schwerer und ich drohte daran zu zerbrechen.

Im Rückblick erkenne ich, wie wichtig es ist, sich seinen inneren Dämonen zu stellen und sie anzuerkennen. Lange Zeit lebte ich in der Illusion, dass Ignoranz der Weg zur Stärke sei. Doch die schmerzhafte Erkenntnis, dass Verdrängung nur zu grösserem Leid führt, hat mich gelehrt, achtsam mit meinen Gefühlen und Bedürfnissen umzugehen.

Der Prozess der Selbstreflexion und Heilung war oft quälend, aber notwendig. Ich habe gelernt, dass wahre Stärke darin liegt, auch die eigene Verletzlichkeit zu akzeptieren und um Hilfe zu bitten, wenn man sie braucht. Diese Momente, in denen ich meine Ängste anerkannt habe, waren schmerzhaft, aber sie haben mir Freiheit und Wachstum geschenkt.

Heute bin ich dankbar für diese Lektionen. Sie haben mich nicht nur stärker gemacht, sondern auch mitfühlender. Die Konfrontation mit meinen inneren Dämonen ist der Schlüssel zu einem authentischeren und erfüllteren Leben geworden. Indem ich meine Gefühle annehme, gewinne ich an Kraft und Klarheit, um die Herausforderungen des Lebens mit Zuversicht zu meistern.

Hier möchte ich dir etwas Wichtiges mitgeben: Du bist bereits perfekt, einfach weil du, du selbst bist! Deine Einzigartigkeit, deine Lebensfreude und deine Authentizität machen dich zu dem wundervollen Menschen, der du bist. Wenn du dich selbst liebst und akzeptierst, dann steht deinem Glück nichts mehr im Weg.

Es ist entscheidend, sich selbst treu zu bleiben und nicht den Erwartungen anderer gerecht zu werden. Deine wahre Schönheit liegt in deiner Individualität – in deinen Stärken und Schwächen, die dich einzigartig machen. Wenn du es schaffst, dich selbst anzunehmen und deine Lebensfreude zu leben, wirst du eine positive Energie ausstrahlen, die andere Menschen berührt und inspiriert.

Du musst nicht perfekt sein nach den Massstäben der Gesellschaft. Perfektion liegt im Auge des Betrachters und deine wahre Schönheit zeigt sich in der Liebe zu dir selbst, mit all deinen Facetten und Eigenheiten. Wenn du deinen eigenen Weg gehst, deinen Träumen folgst und deinem Herzen vertraust, wirst du den Weg zu innerer Erfüllung und echtem Glück finden.

Also erlaube dir, ganz du selbst zu sein – mit all deinen Ecken und Kanten, deinen Träumen und Hoffnungen. Sei stolz auf alles, was dich ausmacht und lass deine Lebensfreude erstrahlen! Sie ist der Schlüssel zu einem erfüllten und glücklichen Leben. Du bist perfekt, so wie du bist und deine Lebensfreude ist das schönste Geschenk, das du dir selbst und anderen machen kannst.

Umarme deine Einzigartigkeit und strahle voller Selbstvertrauen! Die Welt braucht genau das, was nur du zu bieten hast. Lass dich von niemandem davon abhalten, du selbst zu sein, denn du bist ein wertvolles und einzigartiges Individuum, das Grossartiges in die Welt bringen kann. Glaube an dich und die Kraft deiner Lebensfreude wird dich auf deinem Weg begleiten!

Du kannst mir glauben, ich habe unzählige Tränen vergossen, unendlich oft geweint. Es war ein gewaltsames Weinen, ein Weinen, das sich anfühlte, als würde ich mir selbst Gewalt antun. Ich zwang mich, mein wahres Wesen zu verändern, um in das perfekte Bild zu passen, das ich von mir selbst erschaffen hatte. Dabei verlor ich mich selbst und vergass, wer ich wirklich war. Meine Tränen flossen unaufhörlich und ich konnte nicht aufhören. Es war, als ob ein gewaltiger Sturm in mir tobte, der mich mit sich riss und alles in seiner Bahn verwüstete.

Das Weinen war so intensiv, dass ich manchmal unter Atemnot litt und beinahe das Gefühl hatte, zu ersticken. Die Tränen schienen unaufhaltsam zu fliessen und ich versuchte verzweifelt, sie zu stoppen. Doch je mehr ich mich zwang, aufzuhören, desto schlimmer wurde es. Die Panik ergriff mich und mein Herz begann heftig zu pochen. Es fühlte sich an, als würde es aus meiner Brust herausspringen wollen, als würde es nach Freiheit und Ruhe suchen.

Mein Herz schrie förmlich danach, dass ich ihm Beachtung schenkte, doch ich verletzte es immer wieder, indem ich mich selbst zwang, gegen meine wahren Gefühle zu kämpfen. Der Schmerz, den ich in mir trug, war erdrückend und die Tränen schienen nicht enden zu wollen.

Es war ein Teufelskreis aus unterdrückten Emotionen und selbst auferlegtem Druck, der mich in eine tiefe Verzweiflung stürzte, aus der ich keinen Ausweg fand. Doch heute erkenne ich die immense Bedeutung, auf mein Herz zu hören und meine wahren Gefühle anzunehmen. Die Tränen, die ich vergossen habe, waren ein Ausdruck meiner innersten Sehnsüchte und Verletzungen, die ich so lange unterdrückt hatte. Es war ein schmerzhafter, doch auch befreiender Prozess der Selbstakzeptanz und Heilung.

Durch diese Erfahrungen habe ich gelernt, dass es in Ordnung ist, verletzlich zu sein, dass es okay ist, zu weinen. Es ist wichtig, sich selbst zu erlauben, zu fühlen, um wieder in Einklang mit sich selbst zu kommen. Jeder Tropfen, den ich vergossen habe, hat mich näher zu mir selbst gebracht und mir die Kraft gegeben, meine Wunden zu heilen.

Jetzt weiss ich, dass das Weinen kein Zeichen von Schwäche ist, sondern von Stärke und Mut. Es ist der erste Schritt auf dem Weg zu innerem Frieden und Selbstliebe. Indem ich mich meinen Emotionen stelle und sie annehme, finde ich den Weg zurück zu mir selbst, zu meiner wahren Essenz. Und mit jedem Tag, an dem ich mir erlaube, zu fühlen, komme ich dem Frieden in meinem Herzen ein Stück näher.

Lass mich dir etwas Wichtiges mit auf den Weg geben: Wenn du weinen musst oder weinen willst, lass die Tränen fliessen. Mach nicht den Fehler, den ich gemacht habe und friss alles in dich hinein, bis es zu spät ist.

Das Weinen ist ein kraftvoller Ausdruck unserer tiefsten Emotionen – eine Möglichkeit, unseren Schmerz, unsere Trauer und unsere Verletzungen nach aussen zu tragen. Es ist ein Akt der Befreiung, der uns hilft, den Ballast abzulegen, den wir in uns tragen. Wenn die Tränen kommen, lass sie zu, denn sie sind ein wichtiger Teil des Heilungsprozesses. Sie geben dir die Chance, loszulassen und dich selbst zu befreien.

Ich habe den Fehler gemacht, meine Tränen zu unterdrücken, sie in mir zu verstecken und so meinen eigenen Schmerz zu verdrängen. Doch das Schweigen und die Verleugnung meiner Emotionen haben mich nur weiter von mir selbst entfernt und letztendlich in eine tiefe Krise gestürzt. Ich habe schmerzlich gelernt, dass das Weinen eine heilsame Wirkung haben kann. Es hilft uns, uns selbst zu akzeptieren und zu heilen.

Erinnere dich daran: Das Weinen ist kein Zeichen von Schwäche, sondern von Mut. Es zeigt, dass du bereit bist, dich deinen Emotionen zu stellen und dich auf den Weg zur Heilung zu begeben. Lass die Tränen fliessen und nimm dir die Zeit, die du brauchst, um zu fühlen und zu verarbeiten.

Je mehr du dir erlaubst, deine Emotionen auszudrücken, desto näher kommst du dir selbst. Du bist nicht allein auf diesem Weg – viele Menschen kämpfen mit ähnlichen Gefühlen. Indem du deine Tränen zulässt, zeigst du dir selbst, dass du wichtig bist und dass dein Wohlbefinden zählt. Erlaube dir, zu weinen und entdecke die Kraft, die in diesem Akt der Befreiung liegt. Dein Herz wird es dir danken und du wirst gestärkt aus dieser Erfahrung hervorgehen.

Also erlaube dir, zu weinen, wenn du traurig bist, verletzt bist oder einfach den Drang dazu verspürst. Tränen sind keine Schwäche, sondern ein kraftvolles Zeichen von Stärke und Mut, sich seinen Gefühlen zu stellen.

Öffne dein Herz und lass die Emotionen zu, denn nur so kannst du wahre Heilung und inneren Frieden finden. Sei liebevoll zu dir selbst und erlaube dir, deine Tränen zu zeigen – sie sind ein kostbares Geschenk, das dich zu einem tieferen Verständnis und einer grösseren Selbstliebe führen kann.

Jede Träne erzählt eine Geschichte und schafft Raum für Transformation und Wachstum. Wenn du dich traust, zu weinen, wirst du merken, dass es nicht nur hilft, Schmerz abzubauen, sondern auch Freude und Erleichterung bringt. Lass die Tränen fliessen und vertraue darauf, dass sie dich näher zu dir selbst bringen und dir helfen, die Liebe und das Mitgefühl zu finden, die du verdienst.

Nach all diesen Attacken tat ich so, als wäre nichts passiert. Die ganze Nacht hindurch konnte ich nicht schlafen, meine Gedanken liessen es einfach nicht zu. Trotzdem stand ich am Morgen auf, fuhr zur Arbeit und spielte vor, als wäre alles in Ordnung. Das perfekte Lächeln war aufgesetzt, meine vorgespielte Motivation und Lebensfreude perfekt inszeniert. Niemand hatte geahnt, wie viel Qual ich in mir trug, denn nach aussen hin war ich perfekt, doch innerlich zerstört.

Ich verbarg meine inneren Kämpfe und Tränen hinter einer Fassade aus Schein, hinter einem Schleier aus Perfektion, den ich mir selbst auferlegt hatte. Es war ein Akt der Selbsttäuschung, der mich dazu zwang, meine wahren Gefühle zu unterdrücken und ein falsches Bild von mir nach aussen zu präsentieren. Die Last, die ich mit mir herumtrug, wurde immer schwerer, während ich nach aussen hin strahlte und funktionierte.

Die Nächte waren geprägt von unruhigem Schlaf, von quälenden Gedanken und einem Gefühl der Leere, das mich zu erdrücken schien. Trotzdem stand ich jeden Morgen auf, zog meine Maske des Scheins an und trat nach aussen hin als strahlende, motivierte Person auf. Es war eine Inszenierung, die mir Kraft abverlangte, die mich an meine Grenzen brachte.

Niemand konnte hinter die Fassade blicken, niemand ahnte, wie sehr ich innerlich litt. Von aussen betrachtet war ich perfekt, doch von innen heraus zerrissen. Es war ein einsamer Kampf, den ich mit mir selbst führte, ein Kampf zwischen dem, was ich vorgab zu sein und dem, was ich wirklich fühlte. Heute erkenne ich, wie wichtig es ist, meine wahren Gefühle zuzulassen, denn nur so kann wahre Heilung und innerer Frieden gefunden werden.

Ich hatte Depressionen und Panikattacken, doch ich weigerte mich, es mir einzugestehen. Denn wenn ich das akzeptiert hätte, wäre ich nicht mehr perfekt gewesen. So verbrachte ich Jahre in diesem inneren Kampf, in einem Zustand der Verzweiflung und des Leids, während ich mir immer wieder einredete, dass es normal sei.

Die Dunkelheit umhüllte mich wie ein unsichtbarer Mantel und die Panik ergriff mich in regelmässigen Abständen, doch ich hielt tapfer an meiner Fassade fest. Ich fürchtete, dass das Eingeständnis meiner psychischen Probleme bedeuten würde, dass ich schwach sei, dass ich versagt hätte. Also unterdrückte ich meine Gefühle, versteckte meine Ängste hinter einem Lächeln und redete mir ein, dass alles in Ordnung sei.

Die Jahre vergingen und mein innerer Kampf wurde immer intensiver. Die Depressionen nagten an mir, die Panikattacken raubten mir den Atem und doch kämpfte ich weiter gegen die Realität an. Ich vergrub meine Emotionen tief in mir, verschloss die Tür zu meiner wahren Seele und überzeugte mich selbst, dass es so sein müsse.

Es war ein schmerzhafter Weg, den ich ging, ein Weg der Selbstverleugnung und des Versteckens vor der Wahrheit. Im Rückblick erkenne ich die Wichtigkeit, sich einzugestehen, dass man verletzlich ist und dass es in Ordnung ist, nicht perfekt zu sein.

Die Akzeptanz meiner eigenen Schwächen und Ängste war der erste Schritt auf dem Weg zur Heilung und die Erkenntnis, dass wahre Stärke darin liegt, sich seinen inneren Dämonen zu stellen und um Hilfe zu bitten.

Nichts war normal; ich litt unter Depressionen und Panikattacken. All das Leid, all die Dunkelheit, die mich umgab, konnte ich nicht länger ignorieren. All das kam, weil ich nicht auf mich achtete, weil ich mich nicht liebte, nicht respektierte und weil ich den Sinn meines Lebens verloren hatte. Ich existierte nur noch, weil ich wusste, dass Selbstmord eine Sünde ist und ich meiner Familie diesen Schmerz nicht antun wollte.

Die Leere in mir wuchs von Tag zu Tag, die Dunkelheit umhüllte mich wie ein undurchdringlicher Nebel und die Panikattacken raubten mir den Atem. Es war, als ob ich in einem dunklen Loch gefangen war, unfähig, einen Ausweg zu finden. Ich verlor mich immer mehr in meinen Gedanken, in meinen Ängsten und Zweifeln und fühlte mich wie ein Fremder in meinem eigenen Leben.

Die Erkenntnis, dass ich mich selbst vernachlässigt hatte, dass ich meine eigenen Bedürfnisse und Wünsche übersehen hatte, traf mich wie ein Schlag. Ich erkannte, dass die fehlende Selbstliebe und der mangelnde Respekt mir den Boden unter den Füssen weggezogen hatten. Ich wusste nicht mehr, wer ich war, wohin ich gehen sollte und warum ich überhaupt hier war.

Ich erlaubte es anderen, mit mir zu sprechen, als wäre ich nichts wert. Doch das Schlimme daran war, dass ich begann, es selbst zu glauben. Immer wieder hörte ich die Worte: "Du bist eine Frau, Frauen sind für den Haushalt da." "Du bist eine Frau, du bist dumm, du hast keine Ahnung." Diese verletzenden Worte gruben sich tief in mein Innerstes und ich begann, sie zu internalisieren. Ich möchte hier nicht alles aufzählen, denn diese Worte sind nicht schön, die ich mir angetan habe. Es waren nicht nur Worte, die ich über mich ergehen liess.

Die Angst, alles zu verlieren, war so übermächtig, dass ich es zuliess, dass andere mich klein machten, mir meine Würde nahmen. Ich erlaubte es, dass man mich herabwürdigte, mich schikanierte, mich in eine Schublade steckte und mich aufgrund meines Geschlechts abwertete. Die Selbstzweifel wuchsen, die Selbstachtung schwand und ich fühlte mich wertlos, minderwertig, unbedeutend.

Es war ein Teufelskreis aus Unterdrückung und Angst, aus Selbstverleugnung und Selbsthass. Ich erlaubte es anderen, mich zu brechen, weil die Angst vor dem Verlust zu gross war. Die Angst, allein dazustehen, alles zu verlieren, trieb mich dazu, mich selbst zu verraten, mich klein zu machen, mich unsichtbar zu machen.

Heute erkenne ich die Wichtigkeit, sich selbst zu lieben und zu respektieren, sich nicht von den Worten anderer klein machen zu lassen. Die Erkenntnis, dass mein Wert nicht davon abhängt, was andere über mich denken oder sagen, war ein schmerzhafter, doch auch befreiender Prozess. Es ist ein Weg der Heilung, der mir gezeigt hat, dass wahre Stärke darin liegt, sich selbst treu zu bleiben und sich selbst zu lieben, auch wenn es bedeutet, sich gegen die negativen Einflüsse von aussen zu wehren.

Vielleicht fragst du dich, wieso hast du dir das alles gefallen lassen? Das frage ich mich auch. Warum habe ich nicht früher reagiert, warum habe ich nicht die Kraft gefunden, etwas dagegen zu unternehmen? Die Antwort ist einfach und doch so komplex. Ich begann, all das zu glauben, ich begann, an die verletzenden Worte, die mich umgaben, zu glauben. Ich begann zu glauben, dass ich wertlos und schlecht war.

Die Worte anderer gruben sich tief in mein Innerstes, wie Dutzende Messer, die mir immer wieder ins Herz gestossen wurden. Die Selbstzweifel wuchsen, die Selbstachtung schwand. Ich nahm die Worte anderer als meine eigene Wahrheit an, ich übernahm das Bild, das man mir von mir selbst vermittelte und begann, es zu leben.

Es war ein schleichender Prozess der Selbstzerstörung, eine Spirale der Selbstablehnung, die mich gefangen hielt. Ich verlor mehr und mehr den Glauben an mich selbst, an meine Stärken, an meine Fähigkeiten. Ich fühlte mich klein, unbedeutend, unsichtbar und all das nur, weil ich begann, die Lügen, die man mir über mich erzählte, zu glauben.

Die Frage, warum ich mir all das gefallen liess, war lange Zeit unbeantwortet. Doch heute, erkenne ich die Macht der Worte, die Macht der Selbstakzeptanz und Selbstliebe. Die Erkenntnis, dass mein Wert nicht davon abhängt, was andere über mich denken oder sagen, war der erste Schritt auf dem Weg zur Heilung und zur Rückgewinnung meiner Selbstachtung. Es ist ein schmerzhafter, doch auch ein befreiender Prozess der Selbstfindung, der mir gezeigt hat, dass ich mehr bin als die negativen Worte, die man über mich gesprochen hat. Ich bin wertvoll, ich bin wichtig, ich bin genug und ich werde nie wieder zulassen, dass andere mich klein machen, denn ich habe gelernt, mich selbst zu lieben und zu respektieren, so wie ich bin.

Es war ein einsamer Kampf mit mir selbst, nicht weil ich niemanden hatte, der mich liebte, sondern weil meine Angst mich isolierte. Ich fühlte mich gefangen von Unsicherheit und Zweifeln, unfähig, die Hilfe anzunehmen, die mir angeboten wurde. Meine Lieben spürten, dass etwas nicht stimmte, sie erkundigten sich nach meinem Befinden, doch meine Standardantwort war immer: "Mir geht es super."

Die Mauern, die ich um mich herum errichtet hatte, schienen unüberwindbar und ich fühlte mich zunehmend allein gelassen mit meinen inneren Kämpfen. Die Sehnsucht nach Verständnis und Unterstützung war gross, doch die Angst vor Zurückweisung und Enttäuschung hielt mich gefangen. Ich wollte mich nicht verletzlich zeigen, ich wollte nicht zugeben, dass ich Hilfe brauchte, denn das hätte bedeutet, meine eigene Schwäche einzugestehen.

Es war ein Teufelskreis aus Selbstzweifeln und Fassaden, aus Einsamkeit und dem Verlangen nach Nähe. Ich sehnte mich nach einem offenen Ohr, nach einem liebevollen Blick, der mir zeigte, dass ich nicht allein war. Doch meine Angst war stärker und so blieb ich gefangen in meinem Schweigen, in meinem unerträglichen Alleinsein. Die Erkenntnis, dass ich mich selbst blockierte, dass ich mir selbst im Weg stand, war schmerzhaft.

Ich wusste, dass ich einen Schritt wagen musste, doch der Gedanke daran schien mir unmöglich. Die Vorstellung, mich jemandem zu öffnen, fühlte sich an wie ein Sprung ins kalte Wasser. Ich begann, kleine Schritte zu unternehmen, indem ich mich gelegentlich öffnete, auch wenn es nur für einen kurzen Moment war. Manchmal teilte ich einen Bruchteil meiner Gedanken und es tat gut, gehört zu werden, auch wenn ich nicht alles preisgab.

Mit der Zeit merkte ich, dass meine Ängste nicht so überwältigend waren, wie ich dachte. Die Unterstützung meiner Lieben war da, selbst wenn ich sie nicht immer annehmen konnte. Es war befreiend zu erkennen, dass ich nicht allein war, dass andere ähnliche Kämpfe führten und dass es in Ordnung war, nicht perfekt zu sein. Ich begann, die ersten Risse in meinen Mauern zu sehen und das gab mir Hoffnung. Ich wusste, dass der Weg zur Heilung und zum Vertrauen in mich selbst und meine Lieben noch weit war, aber ich fühlte, dass ich auf dem richtigen Weg war.

Ich wusste, dass es Zeit brauchen würde, um die Mauern um mein Herz zu durchbrechen und endlich die Hilfe anzunehmen, die mir angeboten wurde. Doch ich war bereit, diesen Weg zu gehen, Schritt für Schritt, in meinem eigenen Tempo.

Liebes, glaub mir, ich war perfekt und funktionierte tadellos, zumindest für alle anderen, nur nicht für mich selbst. Ich war die Meisterin des Versteckens, die Königin des Scheins, die Expertin im Maskenspiel. Ich lächelte, wenn es von mir erwartet wurde, ich funktionierte, wenn es von mir verlangt wurde und ich gab mein Bestes, um den Ansprüchen der Welt gerecht zu werden. Doch all das war nur eine Fassade, eine Illusion, die ich aufrechterhielt, um nicht zugeben zu müssen, dass ich innerlich zerbrochen war.

Mein Äusseres strahlte, mein Lächeln war perfekt inszeniert, doch in meinem Inneren herrschte ein Sturm aus Zweifeln, Ängsten und Selbstablehnung. Ich war Meisterin im Verbergen meiner wahren Gefühle, im Unterdrücken meiner inneren Stimme, die in mir schrie, dass etwas nicht stimmte. Ich funktionierte wie ein Roboter, der keine Müdigkeit kennt, der keine Schwäche zeigt, der keine Emotionen zulässt. Doch unter der Oberfläche brodelte ein Vulkan aus unerfüllten Sehnsüchten, unterdrückten Tränen und zerstörten Träumen.

Ich gab mein Bestes, um den Ansprüchen der Gesellschaft gerecht zu werden, um den Erwartungen meiner Liebsten zu entsprechen, um den perfekten Schein zu wahren.

Doch dabei verlor ich mich selbst, verleugnete meine wahren Bedürfnisse, meine wahren Träume, meine wahre Stimme. Ich funktionierte so gut für andere, dass ich vergass, auf mich selbst zu achten, mich selbst zu lieben, mich selbst zu respektieren. In dieser Erkenntnis lag die Wahrheit, die mich dazu brachte, mich selbst zu hinterfragen, meine Masken abzulegen und endlich anzuerkennen, dass wahre Perfektion in der Selbstliebe, der Selbstakzeptanz und der Authentizität liegt.

Früher war ich eine lebensfrohe junge Frau, strahlend und voller Energie. Doch mit der Zeit wurde ich zu einem Schatten meiner selbst, zu einem Frack, der sich in Selbstzweifeln und Verzweiflung verlor. Mein Körper begann sich zu verändern, ich nahm zu, obwohl ich kaum etwas ass. Es war, als ob ich regelrecht anschwoll, ohne ersichtlichen Grund. Ich war nicht dick, sondern aufgebläht und konnte mir nicht erklären, warum das geschah.

Ich versuchte, dem durch Sport entgegenzuwirken, wie früher, als ein paar Besuche im Fitnessstudio genügten, um meine Traumfigur zurückzuerlangen. Doch dieses Mal schien nichts zu helfen. Die Frustration wuchs, die Motivation schwand und ich fühlte mich noch weiter von mir selbst entfernt. Der Gedanke, dass es wohl normal sei, mit dem Alter sich zu verändern, drängte sich in meinen Kopf.

Die Entfremdung von meinem Körper und meinem Selbstbild wurde immer grösser und ich versank immer tiefer in meinem eigenen Leid. Ich fühlte mich verloren, unverstanden und der Glaube an meine eigene Schönheit und Stärke schwand. Es war eine Zeit des Selbstzweifels, der inneren Kämpfe und des Verlusts von Selbstwert.

Auch verbal begann ich mich zu ändern, ich wurde wie mein Gegenüber. In einem Moment der Schwäche und Verletzlichkeit begann ich, die gleichen Muster und Verhaltensweisen anzunehmen wie mein Gegenüber. Statt meine Worte mit Bedacht zu wählen und mit Respekt zu kommunizieren, liess ich mich von meinen Emotionen leiten und reagierte impulsiv, verletzend und abwertend.

Ich wurde laut und benutzte sehr hässliche Worte, das geschah immer häufiger, doch das war nicht ich. Diese Seite an mir, die abwertend und verletzend war, hasse ich zutiefst. Es fühlt sich so falsch an, so entfremdet von mir selbst, wenn ich in solche Muster verfiel. Doch das war meine Verteidigung, mein Schutzmechanismus, ich wurde zum Spiegel meines Gegenübers.

Das wollte ich nicht, das war nicht mein wahres Ich und jedes Mal, wenn ich zu dieser Person wurde, endete ich wieder in meinem tiefen Loch. Der Hass gegenüber mir selbst wuchs, ich konnte mich nicht mehr ertragen, verstand nicht, warum ich so handelte. Es war wie ein Teufelskreis, in dem ich gefangen war. Je mehr ich mich selbst verachtete, desto mehr verlor ich den Respekt und die Achtung vor mir selbst. Es schien, als ob ich mir selbst fremd geworden war, als ob ich meinen eigenen Werten und Prinzipien untreu geworden war. Jedes abwertende Wort, das aus meinem Mund kam, fühlte sich an wie ein Verrat an mir selbst, ein Schlag ins Gesicht meiner eigenen Seele.

Du darfst raten, ja, ich begann wieder zu weinen und meine Depressionen wurden grösser. Der Schmerz, den ich mir selbst zufügte, die Selbstzerstörung durch meine eigenen Worte und Taten, führte mich immer tiefer in die Dunkelheit. Wenn ich zurückblicke, ist es logisch, dass es mir immer schlechter ging. Durch diese selbstzerstörerische Art von mir, die ich nicht kontrollieren konnte, verlor ich mich immer mehr und verstrickte mich immer tiefer in meinen eigenen Abgründen. Es war ein Kampf gegen mich selbst.

Emotional fühlte ich mich wie in einem Sturm gefangen, der nicht enden wollte. Die gewaltigen Wellen der Traurigkeit und Verzweiflung schlugen unaufhörlich auf mich ein und liessen mir kaum Atem zum Durchatmen. Ich sehnte mich nach Frieden, nach einem Funken Hoffnung, der mir den Weg aus diesem emotionalen Chaos weisen könnte. Doch jeder Versuch, an die Oberfläche zu gelangen, wurde von der Schwere meiner Gefühle zurückgedrängt. Ich war gefangen in einem Netz aus Selbstzweifeln und Ängsten, dass sich immer enger um mich schlang. Die Tage zogen sich wie zähflüssiger Sirup und ich fühlte mich, als wäre ich in einem Albtraum gefangen, aus dem es kein Erwachen gab. Ich fragte mich oft, ob es jemals wieder Licht in mein Leben bringen würde, oder ob ich für immer in dieser Dunkelheit bleiben müsste.

Eines Tages liess ich mich nicht mehr auf das Spiel ein, ich reagierte nicht, zumindest nicht vor einer anwesenden Person. Stattdessen zog ich mich zurück und liess meinen Tränen freien Lauf. Inmitten meines inneren Sturms schrieb mir meine Freundin, die vorschlug, sich am See zu treffen. Ehrlich gesagt hatte ich keine Lust, ich wollte einfach allein sein und nichts fühlen. Doch plötzlich hörte ich eine Stimme in meinem Kopf, die sagte: "Hey, geh raus und hab Spass. Was hast du zu verlieren?"

Obwohl mein Herz schwer war und ich mich innerlich leer fühlte, entschied ich mich dennoch dazu, dem Vorschlag meiner Freundin zu folgen. Diese Entscheidung war die beste meines Lebens. Als wir am See ankamen, spürte ich langsam, wie die Dunkelheit in mir ein wenig wich. Die frische Luft, das Plätschern des Sees, die Gesellschaft meiner Freundin – all das begann langsam, meine müden Gedanken zu beleben. Wir lachten, unterhielten uns, genossen die Sonne und plötzlich merkte ich, wie ein Hauch von Lebensfreude in mir aufkeimte.

Die Zeit am See verging wie im Flug und für einen Moment vergass ich all meine Sorgen und Ängste. Es war wie ein kleines Licht in der Dunkelheit, das mir zeigte, dass es auch noch schöne Momente im Leben gibt, dass es sich lohnt, das Dunkel zu durchbrechen und wieder ein wenig Leichtigkeit zu spüren. Diese unerwartete Wendung, dieses unerwartete Gefühl von Freude und Leichtigkeit, gab mir Hoffnung und Mut, dass es auch inmitten der Dunkelheit Möglichkeiten gibt, Lichtblicke zu finden und wieder ein wenig Lebensfreude zu spüren.

Da merkte ich, dass die einzige Person, die mir im Weg stand, ich selbst war. Ich war an allem schuld, ich suchte immer die Schuld bei anderen, doch in Wahrheit war es ich. Denn ich konnte mich nicht von meiner Angst lösen, ich akzeptierte alles, was mir angetan wurde. Ich zerstörte mich selbst aus Angst vor dem Unbekannten, aus Angst vor Veränderung, aus Angst, mich wirklich mit meinen innersten Ängsten und Zweifeln auseinanderzusetzen.

Ich hatte das Gefühl, dass ich kein Recht auf Glück hatte, dass ich es nicht verdiente, glücklich zu sein. Ich akzeptierte die Gewalt, die mir angetan wurde, die Selbstzerstörung, die ich mir selbst zufügte. Es schmerzte, zu erkennen, dass ICH es war, die aufgegeben hatte, dass ich mich selbst verraten und im Stich gelassen hatte. Ich war meine eigene grösste Feindin, mein eigener grösster Kritiker, mein eigener Saboteur.

Es war ein schmerzhafter Moment der Erkenntnis, ein Moment der Wahrheit, der mich zwang, mich mit meinen innersten Dämonen zu konfrontieren. Ich erkannte, dass ich die Einzige war, die mich daran hinderte, glücklich zu sein, die mich daran hinderte, mich selbst zu lieben und zu respektieren. Es war ein harter Weg, den ich gehen musste, um zu verstehen, dass ich es war, die die Mauern um mich herum errichtet hatte, die die Fesseln um meine Seele geschmiedet hatte. Doch in dieser Erkenntnis lag auch eine Chance, eine Möglichkeit zur Veränderung, zur Heilung, zur Rückkehr zu mir selbst.

Ab diesem Tag begann ich, wieder für mich da zu sein. Es war nicht leicht. Ich fiel, doch jedes Mal stand ich wieder auf und kämpfte für mich. Schritt für Schritt ging ich meinen Weg der Heilung, auch wenn er steinig und voller Herausforderungen war.

Mut zur eigenen Identität

Ich öffnete mich meinen Eltern gegenüber und sprach über meine Situation. Zuerst verstanden sie mich nicht, da es für sie überraschend kam. Anfangs versuchte ich, es ihnen auf eine sanfte Art zu erklären, doch ich erkannte, dass ich aus Scham nur die oberflächliche Geschichte erzählte. Es war ein schmerzhafter Moment, als ich mich meinen tiefsten Ängsten und Gefühlen stellte und meinen Eltern die Wahrheit über meine Emotionen und meine Situation offenbarte.

Trotz des Schmerzes, sie so zu verletzen, sagte ich ihnen entschlossen: "Entweder akzeptiert ihr meine Entscheidung, oder ihr werdet mich in der Psychiatrie sehen oder ich bringe mich um." Diese Worte waren schwer und trafen tief, doch sie kamen aus der tiefsten Verzweiflung und dem stärksten Willen, mein Leben zu ändern. Ich konnte nicht mehr in dieser Dunkelheit verharren, ich konnte und wollte nicht mehr so leben, wie ich es tat.

Es war ein Wendepunkt, ich erkannte, dass ich das Recht darauf habe, glücklich zu sein, das Recht darauf, für mich selbst einzustehen und meine Bedürfnisse ernst zu nehmen. Zum ersten Mal nach langer Zeit verspürte ich einen Hauch von Hoffnung und Zuversicht, dass es möglich ist, wieder ich selbst zu sein.

Diese Zeit war hart für mich, ich musste meinen Platz im Leben neu finden, denn ich wusste nicht mehr, wer ich war. In diesem Prozess lernte ich viele neue Menschen kennen und trotz meiner eigenen Verwundbarkeit und Unsicherheit wollte ich ihnen helfen. Ich dachte immer, dass niemand für mich da war, weil ich mich selbst nicht geöffnet hatte und so fühlte ich mich verpflichtet, anderen beizustehen, wenn sie sich mir öffneten.

Ich fühlte mich verantwortlich für das Wohlbefinden anderer, doch als Dankeschön wurde ich von einigen ausgenutzt und missbraucht für ihre eigenen Zwecke. Mein grösstes Problem war schon lange, dass ich Schwierigkeiten hatte, nein zu sagen. Immer wenn ich versuchte, meine eigenen Grenzen zu setzen und mich abzugrenzen, überkam mich ein schlechtes Gewissen. Ich fühlte mich schuldig und egoistisch.

Dieses Muster des Helfens und des Nicht-Nein-Sagen-Könnens führte dazu, dass ich mich erneut verlor, dass ich meine eigenen Bedürfnisse und Grenzen vernachlässigte. Es war ein schmerzhafter Prozess der Selbsterkenntnis, der mich zwang, zu hinterfragen, warum ich immer bereit war, anderen zu helfen, jedoch mich selbst vernachlässigte.

Hier möchte ich dir etwas mitgeben. Wenn du dich in einer Situation befindest, in der du dich nicht wohlfühlst und etwas nicht tun möchtest, dann höre auf dein Innerstes und sage NEIN. Achte auf deine Grenzen und respektiere dich. Nimm dir die Zeit, um herauszufinden, was dich wirklich glücklich macht und folge deinem Herzen. Du verdienst es, ein Leben zu leben, das dich erfüllt und glücklich macht.

Es ist unglaublich wichtig, dein Glück nicht von den Erwartungen anderer abhängig zu machen. Sei mutig und gestalte dein Leben so, wie es für dich am besten ist. Wachse über dich hinaus, liebe und schätze dich selbst. Denn nur wenn du dich bedingungslos liebst, kannst du auch andere bedingungslos lieben. Wenn du anderen Menschen hilfst, dann tue es aus Bedingungslosigkeit, ohne etwas zu erwarten. Wahre Grosszügigkeit und Liebe sind bedingungslos. Wenn du diese bedingungslose Liebe und Unterstützung gibst, wird sie zu dir zurückkehren.

Und vergiss niemals, dass du deine eigene Nummer 1 bist. Du bist von unschätzbarem Wert und deine Bedürfnisse und Gefühle sind genauso wichtig wie die von anderen. Kümmere dich zuerst um dein eigenes Wohl, bevor du dich um andere kümmerst. Behandle dich selbst mit der Liebe und dem Respekt, den du verdienst.

Mit der Zeit habe ich gelernt, dass es keinen langfristigen Nutzen bringt, jemandem zu helfen, indem ich alle Probleme für die Person löse. Stattdessen habe ich gelernt, der Person beizubringen, wie sie selbst Schwierigkeiten bewältigen kann. Nur auf diese Weise kann sie wirklich wachsen und sich weiterentwickeln. Auch wenn es manchmal schwerfällt, halte ich mich zurück und lasse die Person ihre eigenen Lösungen finden.

Es erfüllt mich mit einer tiefen Zufriedenheit und Freude, wenn ich sehe, wie jemand durch eigenes Bemühen und Lernen Fortschritte macht. Es ist ein unbeschreiblich schönes Gefühl, zu beobachten, wie sich jemand weiterentwickelt und über sich selbst hinauswächst. Diese Momente geben mir das Gefühl, dass meine Hilfe wirklich etwas bewirkt hat. Mir liegt es am Herzen, dass die Menschen um mich herum in der Lage sind, sich selbst zu helfen und ihre eigenen Herausforderungen zu meistern. Ich möchte nicht, dass sie von mir abhängig sind, sondern dass sie selbstständig und selbstbewusst ihren Weg gehen können. Diese Erkenntnis hat mein Verständnis von Hilfe und Unterstützung verändert und mich gelehrt, dass wahre Hilfe darin besteht, anderen die Werkzeuge zu geben, um selbst erfolgreich zu sein.

Als ich endlich aus meinem „Sweet Escape" befreit war, tauchte ich kopfüber in das verbotene Leben ein. Das Verlangen, gegen den Strom der Erwartungen anzuschwimmen, war überwältigend. Ich sehnte mich danach, die Maske der Perfektion abzulegen, wollte mich nicht länger dem Druck beugen, immer makellos zu sein. Ein Jahr lang hatte ich mich selbst zerstört, bis ich endlich erkannte, dass es an der Zeit war, meinen Weg zu finden. Die Erfahrungen im verbotenen Leben hatten mir die Augen geöffnet. Mein Vertrauen wurde missbraucht, meine Gutmütigkeit und Hilfsbereitschaft ausgenutzt. Doch trotz all dem Schmerz und den Enttäuschungen, die ich erlebte, konnte ich nicht anders, als weiterzugehen.

Meine Neugier trieb mich an, die Gründe zu verstehen, warum mir der Zugang zu bestimmten Orten und Erfahrungen verwehrt wurde. Warum sollte es kein Ort für mich sein? Diese Frage brannte in mir und trieb mich dazu, es selbst herauszufinden.

Mit jedem Schritt, den ich auf meinem Weg machte, spürte ich eine Mischung aus Angst und Aufregung. Ich war bereit, die Wahrheit über mich selbst und meine Umgebung zu erkunden, auch wenn es bedeutete, die Komfortzone zu verlassen und mich dem Unbekannten zu stellen. Trotz all der Herausforderungen, die ich in meinem Leben erlebt habe, habe ich immer versucht, das Gute in jedem Menschen zu sehen.

Egal, wie schwierig die Situation war, ich habe mich bemüht, zu verstehen, warum bestimmte Menschen so gehandelt haben, wie sie es getan haben.

Ich habe mir Gedanken darüber gemacht, wie ich diesen Personen helfen und sie unterstützen könnte. Es kam mir nicht in den Sinn, dass jemand meine Güte ausnutzen oder mich für seine eigenen Zwecke missbrauchen könnte, denn so war ich einfach nicht gestrickt. Ein weiterer grosser Fehler, den ich gemacht habe, war zu glauben, dass alle anderen genauso sind wie ich. Ich habe mich selbst als Massstab genommen und gehofft, dass jeder Mensch die Liebe erhält, die ich in meinem Leben so schmerzlich vermisst habe. Doch im Nachhinein betrachtet war es wohl naiv zu denken, dass ich anderen Menschen die Liebe geben könnte, die ich selbst nie empfangen habe.

Denn wie konnte ich anderen Liebe schenken, wenn ich mir selbst nicht einmal die nötige Selbstliebe zugestehen konnte? Letztendlich habe ich gelernt, dass es wichtig ist, auch auf sich selbst zu achten und sich selbst Liebe zu schenken, bevor man es anderen geben kann. Es war schmerzhaft, doch ich habe erkannt, dass es in Ordnung ist, an sich selbst zu denken und auf die eigenen Bedürfnisse zu hören. Denn nur wenn man mit sich selbst in Balance ist, kann man auch anderen Menschen auf eine gesunde und liebevolle Weise begegnen.

Hier möchte ich dir wieder etwas auf deinem Weg mitgeben. Du kannst niemanden so lieben, wie du geliebt werden möchtest, ohne dich selbst zuerst bedingungslos zu lieben. Es ist nur möglich, Liebe und Glück zu verschenken, wenn du dich selbst bedingungslos liebst. Selbstliebe bedeutet, sich selbst anzunehmen, mit all seinen Stärken und Schwächen und sich selbst mit Mitgefühl und Wertschätzung zu betrachten.

Es erfordert Mut, sich selbst zu akzeptieren und zu lieben, unabhängig von äusseren Erwartungen oder selbstkritischen Gedanken. Nur wenn du dich selbst liebst und respektierst, kannst du auch anderen Menschen Liebe und Unterstützung schenken, die von Herzen kommt. Es bedeutet, sich selbst zu vergeben, sich selbst zu pflegen und sich selbst zu priorisieren. Wenn du lernst, dich zu lieben, wirst du in der Lage sein, all den Menschen um dich herum Liebe, Verständnis und Mitgefühl zu schenken, die sie verdienen.

Die Selbstliebe ist der Schlüssel, um eine gesunde Beziehung zu sich selbst und zu anderen aufzubauen. Es ist der Anfang eines Weges der inneren Heilung und des authentischen Selbstausdrucks. Also lerne, dich zu lieben, dann wirst du in der Lage sein, anderen Menschen aus vollem Herzen Liebe zu schenken.

Du kannst mir glauben, ich hatte Mühe, NEIN zu sagen. Als mich jemand um Geld bat, tat mir die Person leid. Ich kannte das Gefühl, kein Geld zu haben und Schulden begleichen zu müssen. Viele Menschen erweckten mein Mitleid und nutzten es schamlos aus. Sie missbrauchten meine Güte, Hilfsbereitschaft und mein Vertrauen, ohne auch nur einen Hauch von Scham zu empfinden. So wurde ich erneut zum Opfer von Narzissten. Narzissten sind herzlos, sie interessieren sich ausschliesslich für ihr eigenes Wohl und am Ende stellen sie sich selbst als die wahren Opfer dar.

Daraufhin begann ich, mich im Internet über Narzissmus zu informieren. Ich wollte lernen, diese Art von Menschen frühzeitig zu erkennen, um mich vor weiterem Schaden zu schützen. Es war ein wichtiger Schritt für mich, um zu verstehen, wie Narzissten vorgehen und wie ich mich vor ihren manipulativen Taktiken schützen kann. Es war eine Selbstschutzmassnahme, um mich vor weiteren Ausnutzungen zu bewahren und meine eigenen Grenzen zu stärken.

Im späteren Kapitel werde ich über Narzissten schreiben, damit du dich darauf vorbereiten und lernen kannst, nicht in die Falle von Narzissten zu geraten. Es geht darum, die Merkmale von Narzissten zu erkennen und Strategien zu entwickeln, um sich vor ihren negativen Einflüssen zu bewahren.

Ich war grosszügig und grossherzig, vertraute und gab viel, doch im Grunde genommen war ich nur naiv. Naiv mir selbst gegenüber, denn ich arbeitete hart, um mein Leben zu finanzieren, anstatt das "zu viel" an Geld für mein eigenes Wohl zu nutzen. Lehnte ich es ab, um anderen zu helfen, glaubte daran, dass sie ihr Wort halten und mir alles zurückzahlen würden. Denn egal, wem ich in meinem Leben etwas schuldete, ich gab immer mehr zurück, aus Dankbarkeit dafür, dass sie mir vertraut hatten.

Es ist ein harter Schlag, wenn man feststellen muss, dass nicht jeder die gleiche Ehrlichkeit und Grosszügigkeit besitzt wie man selbst. Doch trotz all der Enttäuschungen und Rückschläge habe ich gelernt, dass es wichtig ist, sich selbst zu schützen und auf sich selbst zu achten. Ich habe erkannt, dass es nicht egoistisch ist, auch einmal an sich selbst zu denken und für das eigene Wohl zu sorgen.

In meinem Streben, anderen zu helfen und Gutes zu tun, habe ich oft vergessen, mich selbst zu schützen. Doch nun war es an der Zeit, auch mir selbst die Liebe und Unterstützung zu geben, die ich so grosszügig an andere verschenkt habe. Es ist ein Weg des Selbstschutzes, um zu lernen, die eigenen Grenzen zu setzen und sich vor weiterem Schaden zu bewahren.

Hier war wieder einmal mein Fehler, nur weil ich korrekt bin und meine Schulden ohne Wenn und Aber zurückbezahle, sind andere nicht gleich. Wenn es möglich war, beglich ich meine Schulden frühzeitig und verzichtete auf vieles. Doch ich wollte nie, dass jemand von mir denkt, ich führe ein Luxusleben und bezahle meine Schulden nicht. Nein, wenn du Schulden hast, solltest du sie zuerst abbauen, danach kannst du dir alles gönnen. Ich könnte es nie akzeptieren, Schulden zu haben und dabei ein Leben zu führen, das auf den Schulden anderer basiert. Nein, das könnte ich niemals, ich würde mich selbst verachten für ein solches Verhalten.

Es ist ein Grundsatz, den ich immer hatte, um immer integer und aufrichtig zu handeln. Ich wollte nicht nur äusserlich ein Leben führen, das von Werten wie Ehrlichkeit und Verantwortung geprägt ist, sondern auch innerlich im Einklang mit meinen Überzeugungen stehen. Es war wichtig für mich, nicht nur äusserlich den Schein zu wahren, sondern auch innerlich mit mir im Reinen zu sein. Denn letztendlich zählt nicht nur das Bild, das wir nach aussen hin präsentieren, sondern auch das, was wir im Inneren fühlen und denken.

Für mich war es unerlässlich, meinen eigenen Werten treu zu bleiben und mich selbst zu respektieren. Meine Lektion war, den Wert des Geldes zu lernen. Ich hatte schlaflose Nächte, nicht weil ich nicht einschlafen konnte, sondern weil ich so viel arbeitete, dass ich keine Zeit zum Schlafen hatte.

Als ich bemerkte, dass meine Ausgaben immer mehr stiegen, zog ich die Handbremse und akzeptierte den Kollateralschaden.

Lieber verlor ich ein paar tausend Franken, als dass die Summe plötzlich fünfstellig wurde. Die Angst ergriff erneut die Kontrolle über mich, diesmal waren es Existenzängste, die mich quälten. Ich bin erstaunt darüber, für wie wenig Geld viele Menschen ihre Ehre und ihren Stolz verkauften. Unter uns gesagt, diese Menschen sind bemitleidenswert, die ihre Ehre und ihren Stolz für so wenig aufs Spiel setzen.

Manche schworen sogar auf das Grab ihrer Eltern für 100 Franken. Sie gaben ihr Wort, schworen bei ihren verstorbenen Eltern und hielten es nicht. Das Geld, über das ich spreche, wurde nicht verschenkt, sondern ausgeliehen, mit dem Versprechen, es an Tag X zurückzubekommen. Auch wenn das Geld an Tag X nicht zurückgegeben wurde, wartete ich auf eine Reaktion. Es hätte genügt, wenn die Person einfach gesagt hätte: "Leider habe ich es noch nicht." Doch stattdessen lebten sie in Saus und Braus, gaben vor, wohlhabend zu sein und mieden den Kontakt zu mir.

Das hat mich verletzt, doch auch hier trage ich die Schuld, dass ich wieder einmal akzeptierte, so behandelt zu werden. Es war eine harte Lektion für mich, die mich gelehrt hat, vorsichtiger zu sein und meine Grenzen zu setzen.

Sehr viele haben das Geld bis heute nicht zurückbezahlt, doch heute sage ich, es musste geschehen, ich musste lernen, dass es auch diese Art Menschen gibt. Das Geld werde ich wahrscheinlich nie wieder sehen, das ist in Ordnung, denn nicht ich bin der Dieb in dieser Geschichte. Nicht ich werde vor Gott stehen und diese Sünden ablegen müssen, sondern diejenigen, die das Geld "geklaut" haben.

Ich musste akzeptieren, dass nicht alle Menschen die gleichen Werte und Prinzipien teilen wie ich. Es war enttäuschend zu sehen, wie manche Menschen meine Grosszügigkeit und Vertrauensbereitschaft ausnutzten, um sich selbst zu bereichern, ohne an die Konsequenzen für mich zu denken. Doch im Rückblick betrachtet war es ein wichtiger Schritt für mich, um zu erkennen, wer wirklich loyal und aufrichtig ist und wer nicht.

Auch wenn das Geld, das ich verliehen habe, wahrscheinlich nie zurückkehren wird, bin ich dennoch dankbar für diese Erfahrung. Sie hat mich gelehrt, vorsichtiger zu sein, meine Grenzen zu setzen und mich vor weiteren Enttäuschungen zu schützen.

So kam es zu meinem Jahresvorsatz für das Jahr 2024. Tief in mir spürte ich das Verlangen nach einem Wunder, nach etwas Besonderem, das mein Leben verändern würde. Ich wollte nicht länger passiv auf ein Wunder warten, sondern aktiv werden und selbst ein Wunder erschaffen.

So sagte ich zu mir selbst: "Beginne, dich bedingungslos zu lieben und lebe ein bisschen." Es war ein Moment der Erkenntnis, als ich beschloss, mich selbst in den Mittelpunkt zu stellen und mir die Liebe und Aufmerksamkeit zu schenken, die ich verdiente. Ich begann, mich selbst zu meinem Wunder zu machen. Inmitten all der Herausforderungen und Enttäuschungen, die das Leben mir entgegenwarf, erkannte ich plötzlich die Kraft und den Wert, den ich in mir trug. Ich entschied mich dafür, mich bedingungslos zu lieben und mir selbst das zu geben, was ich so lange von anderen erwartet hatte.

Ich erkannte, dass das grösste Wunder, das ich erleben konnte, in mir selbst lag. So begann ich, mich selbst als mein eigenes Wunder zu betrachten, das mich jeden Tag aufs Neue inspiriert und stärkt.

Meine Selbst Reflektion

Ich war nicht da, wo ich sein wollte; es fühlte sich an, als ob ich an einem falschen Ort verweilte. Egal, an welchem Ort auf der Welt ich mich befand, ich hatte stets das Gefühl, nicht am richtigen Ort zu sein. Mein Verstand war ständig damit beschäftigt, wo ich wohl am glücklichsten sein könnte. Doch ich erkannte, dass ich lernen musste, das Beste aus der Situation zu machen, in der ich mich gerade befand. Ich musste aufhören, mich über Dinge Sorgen zu machen, die ausserhalb meiner Kontrolle lagen. Es war an der Zeit, das Leben in vollen Zügen zu geniessen und im Hier und Jetzt zu leben.

So begann ich mit den Aufräumarbeiten in meinem Leben. Es war an der Zeit, radikale Veränderungen vorzunehmen. Zuerst mussten alle Menschen, die nur Energie kosteten und Unheil brachten, gehen. Ihre Negativität passte nicht zu meinem Weg des Wachstums und der Selbstentfaltung. Diejenigen, die sich mir in den Weg stellten und mein Streben nach Erfolg und Zufriedenheit behinderten, hatten keinen Platz mehr in meinem Leben. Es war an der Zeit, mich von allem zu trennen, was mir nicht guttat und mich daran hinderte, mein volles Potenzial zu entfalten.

Klar, du magst denken, dass dies egoistisch ist. Manchmal muss man hart sein und klare Grenzen setzen, um sich selbst zu schützen und sein Glück zu finden. Du musst verstehen: Ich bin zweifellos der loyalste und höflichste Mensch, den du je kennenlernen wirst, solange du mich mit Respekt behandelst. Für diejenigen, die mir am Herzen liegen, bin ich bereit, alles zu geben, um ihr Glück und ihre Zufriedenheit zu sehen, selbst wenn ich dafür persönliche Opfer bringen muss. Wenn mir jemand Respekt entgegenbringt, werde ich dies erwidern und noch mehr Respekt zeigen. Loyalität wird von mir stets geschätzt und belohnt und ich stehe bereit, an der Seite derjenigen zu sein, die meine Unterstützung benötigen. Doch sei gewarnt: Wer es wagt, mir Respektlosigkeit entgegenzubringen, verwirkt jegliches Anrecht auf meine Loyalität. Ab diesem Moment wird die Person meine Entschlossenheit zu spüren bekommen. Sie wird meine Unterstützung und meinen Beistand für immer verlieren. Unabhängig von den Herausforderungen, mit denen sie konfrontiert ist, werde ich ab dem Zeitpunkt, an dem sie meinen Respekt missachtet, zu ihrem schärfsten Kritiker und Gegner.

Ich bereue meine Vergangenheit nicht, denn sie hat mich geformt und mir wichtige Lektionen gelehrt. Seitdem habe ich damit begonnen, jeden Tag bewusst an mir zu arbeiten und zu wachsen.

Meine Liebe zu Kosovo und den dort gelebten Werten ist tief in meinem Herzen verankert. Drei dieser kosovarischen Werte, die ich zu 100% vertrete, sind "Besa Bes", "Fjala Fjal" und "Shpresa vdes e Fundit". Diese Werte werden auch von den Eidgenossen mit Leidenschaft und Hingabe vertreten.

"Besa Bes"
die Verpflichtung, gegebene Versprechen zu halten

"Fjala Fjal"
die Bedeutung, dass das gegebene Wort stets eingehalten wird

"Shpresa vdes e Fundit"
der Glaube daran, dass die Hoffnung zuletzt stirbt.

Die Bedeutung dieser Werte wird weltweit betont. Leider missbrauchen viele Menschen sie und halten sie nicht ein.

Ich war ruhig, bereit zu helfen und für andere da, doch niemals blind für das, was um mich herum geschah. Jede einzelne Person erhielt die Gelegenheit, sich als würdig zu erweisen. Manche dachten, ich würde nicht bemerken, was sie planten und ich liess sie in dem Glauben, dass ich naiv sei. Es war faszinierend zu beobachten, zu welchen Taten Menschen fähig sind.

Für mich hat jeder Mensch die gleiche Ausgangslage. Solange mir Respekt und Loyalität entgegengebracht werden, erwidere ich dies mit doppelter Wertschätzung. Doch ab dem Moment, in dem mir Respektlosigkeit entgegengebracht wird, lasse ich mich nicht mehr täuschen.
Nein, ab diesem Zeitpunkt betrachte ich diese Person als meinen Feind. Respekt und Loyalität sind für mich grundlegende Werte, die ich schätze und denen ich gegenüber anderen und mir selbst treu bleibe.

Mit der Zeit wurde ich zunehmend distanzierter und kälter; jede zusätzliche Enttäuschung hinterliess ihre Spuren und verstärkte meine Abwehrmechanismen. Die Mauern um mein Herz wurden höher und undurchdringlicher, bis ich schliesslich keine Gefühle mehr zeigte und mich emotional abschottete.

Ich erreichte einen Punkt, an dem ich mich in einem Zustand befand, den ich niemals erreichen wollte. Jede neue Person, die versuchte, in mein Leben einzutreten, wurde von mir mit Misstrauen und Skepsis betrachtet. Es war ein einsamer Weg, den ich gegangen bin, doch er hat mich gelehrt, mich selbst zu schützen und meine Grenzen zu wahren. Nachdem ich mit einigen abgeschlossen hatte, wurde mir bewusst, wie erschöpfend es war, Zeit und Energie in sie zu investieren. Die Machtkämpfe und versteckten Kriege, die sie inszenierten, waren anstrengend.

Es war für mein Wohlbefinden das Beste, diese Menschen hinter mir zu lassen und mich von ihrem negativen Einfluss zu befreien. Endlich konnte ich tief durchatmen und mich auf die Menschen konzentrieren, die mich respektierten und wertschätzten. Es war notwendig, diesen Schritt zu gehen, um mich selbst zu schützen und Platz für positive Veränderungen in meinem Leben zu schaffen. Der Abschied von diesen belastenden Beziehungen war eine Befreiung, die mir die Möglichkeit gab, ein glücklicheres und erfüllteres Leben zu führen.

Mein Glück liegt in meiner Hand und ich erkannte, dass Vergebung der Schlüssel zur inneren Ruhe ist. Auch wenn es mir manchmal schwerfiel, anderen zu vergeben, erkannte ich die Bedeutung, mir selbst zu vergeben.

Die Vergangenheit ist unwiderruflich und ich musste Frieden mit ihr schliessen, um frei nach vorne blicken zu können. Ich liess die Menschen reden, denn letztendlich ist es mir egal, was andere von mir halten.

Ich bin ich und ich muss es nur mir selbst recht machen. Die Meinungen und Urteile anderer können mich nicht davon abhalten, meinen eigenen Weg zu gehen und mein Leben nach meinen eigenen Vorstellungen zu gestalten. Es war eine Befreiung, als ich lernte, mich von den Erwartungen anderer zu lösen und mich auf mein eigenes Glück und Wohlbefinden zu konzentrieren.

Das Jahr verlief gut für mich, denn ich konzentrierte mich vollkommen Auf mein eigenes Glück und war auf einem vielversprechenden Weg. Ich hatte erfolgreich die Menschen aus meinem Leben verbannt, die mir nicht guttaten. Nun umgaben mich nur noch jene, die mir Respekt, Loyalität und aufrichtige Wertschätzung entgegenbrachten. Es war eine Zeit des Neuanfangs, in der ich mich um mein eigenes Wohlergehen kümmerte und nur noch Energien zuliess, die mir guttaten. Es war ein befreiendes Gefühl, zu wissen, dass ich mich nur noch von Menschen umgeben hatte, die das Beste in mir sahen und mich auf meinem Weg unterstützten.

Das dachte ich zumindest, bis ich jemanden kennenlernte, der mir die Augen öffnete und mir zeigte, dass ich mich immer noch im Teufelskreis befand. Es war wie ein Lichtstrahl, der in mein Leben fiel und meine bisherige Sichtweise auf den Kopf stellte. Diese Person brachte mich dazu, meine Situation aus einem anderen Blickwinkel zu betrachten und die Muster zu erkennen, die mich noch gefangen hielten.

Es war eine schockierende Erkenntnis, die mich zunächst erschütterte, doch auch befreiend wirkte. Durch die Offenbarung dieses neuen Blickwinkels wurde mir klar, dass ich noch nicht vollständig entkommen war und es noch weitere Schritte brauchte, um mich wirklich zu befreien. Diese Begegnung war ein Weckruf, dass Selbstreflexion und Wachsamkeit wichtige Werkzeuge sind, um alte Muster zu erkennen und zu überwinden.

Unerwartete Liebe und tiefe Gefühle

Auf meinem Weg der Besserung und Selbstfindung traf ich jemanden, der meine innersten Werte teilte und mein Herz auf eine Weise berührte, die ich nie für möglich gehalten hätte. Es schien, als ob das Universum uns zusammengeführt hätte, als ob unsere Seelen sich schon lange kannten und sich endlich wiedergefunden hatten. Die Zuneigung, die zwischen uns entstand, war wie ein helles Licht in der Dunkelheit, dass uns den Weg wies und uns neue Hoffnung schenkte.

Bevor ich ihm begegnete, hatte ich intensiv darüber nachgedacht, welche Eigenschaften meine Liebe haben sollte. Mein Herzenswunsch war es, einen Partner zu finden, der aus dem Kosovo stammte und in der Schweiz lebte. Ich sehnte mich nach einer tiefen Verbindung, die auf Ehrlichkeit und Offenheit basierte, selbst wenn es bedeutete, unangenehme Wahrheiten anzusprechen. Ich suchte nach einem Menschen, dem ich bedingungslos vertrauen konnte, mit dem ich gemeinsam wachsen und mich weiterentwickeln konnte.

Es war mir wichtig, mit ihm über alles sprechen zu können, ohne mich zu schämen oder verurteilt fühlen zu müssen. Ich ersehnte einen Partner, mit dem ich nicht nur lachen, Spass haben und Abenteuer erleben konnte, sondern der auch meine innersten Wünsche und Träume teilte.

Die Vorstellung, dass mein Partner bereits Kinder hatte, war für mich nicht das, was ich mir für meine Zukunft erhoffte. Ich wollte das einzigartige Gefühl erleben, zum ersten Mal schwanger zu sein und die Geburt unseres Kindes gemeinsam zu erleben, mit jemandem, der diese kostbaren Momente ebenfalls zum ersten Mal erleben würde. Es war mir wichtig, an erster Stelle in seinem Leben zu stehen und von ihm bedingungslos geliebt zu werden. Ich sehnte mich danach, dass er meine Leidenschaft, meinen Ehrgeiz und meine Zielstrebigkeit schätzte und mich in meinen Vorhaben unterstützte. Ich wünschte mir einen Partner, der mich verstand, respektierte, an mich glaubte und mir vollkommen vertraute. Vor allem wollte ich die Möglichkeit haben, mich ihm in all meiner Authentizität zu zeigen, ohne Angst vor Ablehnung oder Verurteilung.

Für mich hatte Materialismus nie eine grosse Bedeutung. Ich hatte bereits alles, was ich brauchte. Dennoch war es mir wichtig, dass mein Partner keine erdrückenden Schulden hatte. Ich wollte einen Partner an meiner Seite, der ebenso entschlossen und ehrgeizig war. Jemanden, mit dem ich nicht nur meine romantische Seite ausleben konnte, sondern der auch die romantischen Momente des Lebens mit mir schätzte und genoss.

Das Wichtigste für mich war, dass ich mich in seiner Gegenwart wohl und sicher fühlte. Lügen, fehlendes Vertrauen und mangelnde Offenheit waren für mich absolute Ausschlusskriterien. Sicherheit bedeutete für mich, dass er an mich glaubte, mit mir wachsen und gemeinsame Ziele anstreben wollte. Ich hatte klare Vorstellungen und hohe Erwartungen an meinen zukünftigen Partner, denn ich wusste, was ich verdiente und was ich bereit war, für die wahre Liebe zu geben.

Hier möchte ich dir wieder etwas mitgeben: Setz dich hin und nimm dir einen Moment Zeit, um darüber nachzudenken, was du von deinem zukünftigen Partner erwartest. Was sind die Eigenschaften, die für dich unverzichtbar sind? Schreibe auf, welche Wünsche und Vorstellungen du hast, doch sei dir auch bewusst, was du auf keinen Fall akzeptieren würdest. Denke daran, dass die Erwartungen, die du an deinen Partner hast, im Einklang damit stehen sollten, was du selbst bereit bist zu geben. Erwarte nicht mehr, als du selbst bereit bist zu bieten, denn eine gesunde Beziehung beruht auf Gegenseitigkeit und Ausgewogenheit.

Sei motiviert und selbstbewusst in deinen Vorstellungen und Ansprüchen. Hol dir das, was du verdienst und was dich glücklich macht. Stehe zu deinen Bedürfnissen und sei bereit, für die Liebe zu kämpfen und zu investieren. Sei dir bewusst, dass du nur dann die Beziehung bekommen wirst, die du dir wünschst, wenn du auch bereit bist, die gleiche Liebe, Unterstützung und Verständnis zu geben, die du von deinem Partner erwartest.

Sei stark und selbstsicher in deinen Entscheidungen und lass dich nicht von Zweifeln oder Unsicherheiten abhalten, das zu bekommen, was du wirklich verdienst. Vertraue darauf, dass das Universum dir das Beste schenken wird, wenn du dich selbst wertschätzt und deine eigenen Bedürfnisse und Grenzen respektierst. Du bist es wert, geliebt zu werden, so wie du bist. Also gehe mit Zuversicht und Entschlossenheit voran und hol dir das, was dein Herz sich wünscht. Du hast es verdient!

Als er plötzlich auftauchte, wie aus dem Nichts, spürte ich, wie sein selbstbewusstes Auftreten mich tief berührte. Sein Blick schien direkt in meine Seele zu dringen und obwohl ich versuchte, meine Nervosität zu verbergen, fühlte ich mich von ihm durchschaut. Ich wusste, dass er mich mit seinen direkten Fragen vor eine Herausforderung stellen würde und ich fühlte mich verpflichtet, ihm ehrlich zu antworten. Trotz meiner inneren Unsicherheit bemühte ich mich, selbstbewusst zu erscheinen und seine Fragen mit Offenheit zu beantworten.

In dem Moment, als er sich verabschiedete und um meine Nummer bat, spürte ich, wie meine Gedanken nur noch um ihn kreisten. Sein leises Versprechen, sich zu melden, liess mein Herz höherschlagen und meine Erwartungen stiegen an. Als ich später in mein Bett sank und mein Handy überprüfte, war meine Enttäuschung gross, als ich keine Nachricht von ihm fand. Doch plötzlich erschien eine Nachricht und ich konnte kaum meine Aufregung unterdrücken, als ich sie öffnete. Seine Geste einer winkenden Hand brachte mich zum Schmunzeln, doch zugleich brachte sie meine Gefühle durcheinander. Hatte ich mich etwa in ihm getäuscht? War da nicht mehr, als ich anfangs vermutet hatte?

Am nächsten Morgen erwachte ich mit einem Gefühl der Ungewissheit und Aufregung. Die Nachricht auf meinem Handy war wie ein Schatz, den ich behutsam öffnete und mehrmals las, um jedes Wort zu erfassen. Seine klaren und bestimmten Worte, die Mischung aus Direktheit und Höflichkeit, liessen mein Herz schneller schlagen. Ich spürte, dass er wusste, was er wollte und ich fühlte mich von seiner Entschlossenheit und seinem Respekt angezogen. Seine klare Absicht, mich kennenlernen zu wollen, weckte in mir eine Mischung aus Vorfreude und Nervosität. Diese Chance war wie ein Geschenk, das ich nicht ungenutzt lassen durfte.

Mit zitternden Fingern und einem aufgeregten Herzen antwortete ich ihm: "Du möchtest, dass wir uns kennenlernen, gut, wer bist du?" Und so begann unsere Geschichte. Es war, als ob das Schicksal uns zusammengeführt hätte und ich war gespannt darauf, zu erfahren, wohin uns dieser Weg führen würde. Jede Nachricht, jedes Wort und jede Geste liess mein Herz höherschlagen und weckte in mir das Gefühl, dass dies der Anfang von etwas Besonderem ist.

Es begann so schön und früh war ich mir sicher, dass er der Richtige für mich war. Doch trotz dieser Gewissheit mussten wir viele Hürden überwinden. Es schien, als ob alles schieflief, was schiefgehen konnte. Missverständnisse häuften sich und obwohl ich wusste, dass die Dinge nicht so waren, wie sie schienen, kam es dennoch zu einem Meer aus Missverständnissen. Ich bat ihn, mir eine Chance zu geben, mich so zu zeigen, wie ich wirklich bin, damit er die Möglichkeit hat, mich richtig kennenzulernen.

Ich erklärte ihm, dass ich gerade dabei war, mich selbst neu zu entdecken und zu finden. Ich bat ihn, mir Zeit zu geben, mir zu vertrauen, um ihm zu beweisen, wer ich wirklich bin. Die Traurigkeit darüber, dass unsere Beziehung von Problemen überschattet wurde, lastete schwer auf mir. Doch ich hielt fest an der Hoffnung, dass wir diese schwierigen Zeiten gemeinsam überwinden und gestärkt daraus hervorgehen würden. Es war eine Zeit der Trauer, doch auch der Erkenntnis und des Aufbruchs in eine neue Phase der Beziehung, die hoffentlich von Verständnis, Vertrauen und Liebe geprägt sein würde.

Es war eine Zeit voller innerer Konflikte und vergangener Trigger, die mich einholten und mich dazu verleiteten, mich anders zu verhalten, als ich wirklich bin.

Meine Ängste und Unsicherheiten blockierten mich und ich liess meine Emotionen unkontrolliert an ihm aus. Meine Ungeduld, die schon immer ein Teil meiner Persönlichkeit war, trieb mich dazu, alles überstürzen zu wollen. Wenn meine Gefühle mir sagten, dass etwas richtig war, dann wusste ich, dass es so war. Doch in seinem Fall übermannte mich meine Ungeduld und ich überrannte alles, begann Erwartungen zu haben und erlaubte meinen alten Verletzungen, die Oberhand zu gewinnen.

Obwohl ich ihm vertraute, hielt ich manchmal Informationen zurück, aus Angst, verurteilt zu werden. Ich schämte mich für meine Vergangenheit und hatte Angst, die ganze Wahrheit preiszugeben. Ich präsentierte mich als starke, unabhängige Frau, die alles allein bewältigt, doch ich verschloss meine verletzliche, weibliche Seite vor ihm. Ich versuchte, ihm nur mein perfektes Bild zu zeigen und seinen Erwartungen zu entsprechen. Es war ein Widerspruch in mir selbst. Erst wollte ich aus dem perfekten Bild ausbrechen, doch dann fand ich mich wieder in dem Zwang, diesem Ideal zu entsprechen.

Meine Angst davor, ihn zu verlieren, trieb mich an,
mein wahres Selbst wiederzufinden. Ich wusste und
weiss es noch heute, dass er der Richtige für mich ist.
Ich sehnte mich danach, ihm mein wahres ICH zu
zeigen, ohne Fassaden und ohne Ängste. Es war ein
Prozess des Loslassens, des Sich-Öffnens und des
Eingestehens meiner Verletzlichkeit. Ich erkannte,
dass es in Ordnung war, Schwäche zu zeigen und dass
echte Stärke darin liegt, sich verletzlich zu zeigen und
sein wahres Selbst zu offenbaren.

Da kam mir der Gedanke, dass ich talentiert im
Analysieren bin. Wenn das so ist, warum habe ich mich
selbst nie analysiert? Diese Frage war leicht zu
beantworten: Jemand anderen zu analysieren und zu
helfen, ist einfach. Sich jedoch selbst zu analysieren, ist
eine Herausforderung, denn man kann sich selbst nicht
belügen oder ausweichen. Bei anderen kann man
neutral bleiben, doch ich wusste, dass eine
Selbstanalyse mit viel Schmerz verbunden sein würde.
Du kannst dir selbst nicht die Wahrheit verschweigen,
obwohl du es versuchen kannst. Es ändert jedoch
nichts daran, dass du weisst, dass du dich selbst
belügst.

Es war ein Moment der Erkenntnis, dass ich in der Lage war, andere zu verstehen und zu analysieren, mir selbst gegenüber jedoch noch nicht die gleiche Offenheit und Ehrlichkeit zeigte. Der Prozess war schmerzhaft, sich den eigenen Schwächen, Ängsten und Unsicherheiten zu stellen, die man so lange Zeit vor sich selbst versteckt hatte. Die Konfrontation mit der eigenen Wahrheit und Authentizität war eine Reise ins Ungewisse, die Mut erforderte.

Ich erkannte, dass die wahre Stärke darin liegt, sich selbst zu analysieren, zu akzeptieren und die Bereitschaft zu haben, an sich selbst zu arbeiten. Es war ein Wendepunkt in meiner Selbstentwicklung, der mir zeigte, dass die grössten Einsichten und Veränderungen im Leben aus der ehrlichen Auseinandersetzung mit sich selbst kommen. Die Erkenntnis, dass man sich selbst nicht belügen kann, war der Anfang eines Prozesses der Selbstliebe, Selbstakzeptanz und des Wachstums. Es war ein Schritt auf dem Weg zu einer tieferen Verbindung mit mir selbst und zu einem authentischen Leben, das auf Wahrheit und Selbstreflexion basiert.

Der schwerste Schritt meiner Selbstheilung begann, als ich mich endlich meiner Vergangenheit stellte. Ich hatte bisher vermieden, meine Vergangenheit anzuschauen, in dem Glauben, dass sie vorbei sei und nicht mehr geändert werden könne. Ja, man kann die Vergangenheit nicht ändern, doch man muss lernen, sie zu akzeptieren. Ich konfrontierte mich mit jedem Schmerz, den ich erlebt hatte, immer wieder, bis ich verstand, was es bedeutete.

Ich begann, mir selbst zu vergeben, dass ich zugelassen hatte, so behandelt zu werden. Mir wurde klar, dass ich selbst der Grund war, warum ich an diesem Punkt in meinem Leben angekommen war. Während ich andere aus meinem Leben verbannen konnte, war es unmöglich, mich selbst zu verbannen. Doch ich entschied mich dafür, die negativen Aspekte meiner selbst zu verbannen. Ich hatte mich selbst daran gehindert, Glück zu empfinden, weil ich das Gefühl hatte, dass ich es nicht verdient habe. Ich liess zu, dass meine Trigger die Kontrolle über mich übernahmen.

Also begann ich, schonungslos ehrlich zu mir selbst zu sein, auch wenn es schmerzhaft war. Jedes einzelne Verhalten von mir nahm ich unter die Lupe und versuchte herauszufinden, was es in mir auslöste.

Es war emotional und schmerzhaft, sich mit den eigenen Ängsten, Verletzungen und Blockaden auseinanderzusetzen. Ich lernte, dass die wahre Heilung nur durch das Annehmen und Verarbeiten meiner Vergangenheit geschehen konnte. Es war ein Weg des Loslassens und des Wachstums, auf dem ich meine eigenen inneren Dämonen konfrontierte und mich auf den Weg zur Heilung begab.

So begann ich, alles zu analysieren, was mich belastete: Wovor hatte ich Angst? Was weckte in mir ein Schamgefühl?

Als ich mich mit meinem Namen, Liridona, auseinandersetzte, wurde mir klar, dass es ein schöner Name mit einer tiefen Bedeutung war. Doch warum mochte ich es nicht, wenn man mich mit meinem vollen Namen ansprach? Um ehrlich zu sein, ein Grund dafür waren meine Eltern. Wenn sie meinen ganzen Namen riefen, wusste ich, dass etwas nicht stimmte und es Ärger geben würde.

Auch in der Schule wurde mein Name oft falsch ausgesprochen oder missverstanden und ich wurde mit Spitznamen wie Lilidona, Litidona, Loredana, Miridona und anderen konfrontiert.

Durch meinen kosovarischen Vornamen wurde meine Herkunft offensichtlich, was oft zu Vorurteilen und falschen Annahmen führte. Mein Name führte dazu, dass ich in Schubladen gesteckt und verurteilt wurde. Die Erfahrungen, die ich im Zusammenhang mit meinem Namen gemacht habe, haben tiefe emotionale Spuren hinterlassen. Die ständigen Vorurteile und das Gefühl, in eine bestimmte Kategorie gesteckt zu werden, haben dazu geführt, dass ich meinen Namen nicht nur als Identitätsträger, sondern auch als eine Quelle von Schmerz und Unsicherheit empfand.

Ich erkannte, dass mein Name einzigartig und wertvoll war und dass die Meinungen und Urteile anderer nicht meine wahre Identität definieren konnten. Auch in der Schule wurde ich von einer Lehrerin als dumm abgestempelt, nur weil ich aus dem Kosovo stammte. Diese Erfahrung hat mich zutiefst verletzt und ich begann, an mir selbst zu zweifeln. Aus diesen und vielen weiteren Gründen entschied ich mich, mich fortan nur noch als Liri vorzustellen. Ihre Worte prägten mein Selbstwertgefühl, doch dann traf ich auf eine andere Lehrerin, die mein Vertrauen und meine Hoffnung wiedererweckte. Sie glaubte an mich, unterstützte mich beim Deutschlernen und motivierte mich immer wieder.

Diese positiven Erfahrungen setzten eine Kette von guten Begegnungen mit Lehrerinnen und Lehrern in Gang, die mein Leben nachhaltig beeinflusst haben. Ich möchte mich von Herzen bei all diesen liebevollen Menschen bedanken, die mir auf meinem Weg geholfen und mich unterstützt haben.

Was ich dir damit sagen möchte, ist, dass, auch wenn eine Person dir Unrecht tut oder dich falsch einschätzt, es dennoch viele andere Menschen gibt, die nur das Beste für dich wollen und dich unterstützen. Trotz der negativen Erfahrungen habe ich gelernt, dass es wichtig ist, sich von solchen negativen Einflüssen nicht entmutigen zu lassen und stattdessen auf die positiven Begegnungen und Erfahrungen zu konzentrieren.

Die Unterstützung und Liebe, die ich von Lehrerinnen und Lehrern erfahren habe, haben mich darin bestärkt, an mich selbst zu glauben und meinen eigenen Weg zu gehen. Ich lernte, dass meine Herkunft und mein Name mich nicht definieren, sondern nur ein Teil von mir sind. Es war ein Weg der Dankbarkeit, auf dem ich erkannte, dass ich die Kontrolle über mein eigenes Leben habe und dass ich selbst entscheiden kann, wer ich sein möchte.

Hier möchte ich dir die Bedeutung meines Namens erklären.

Mein Name ist Liridona, ein Name von strahlender Schönheit und tiefer Bedeutung. Er symbolisiert die Sehnsucht nach Freiheit und die Stärke des Willens. "Liri" bedeutet im Albanischen Freiheit und "Dona" steht für den Willen. Liridona verkörpert Unabhängigkeit und Selbstbestimmung, ein Versprechen und ein Ruf nach Freiheit. Mein Name kennzeichnet mich als eine Person, die mutig ihren eigenen Weg geht, angetrieben von einer unerschütterlichen Liebe zur Freiheit. Liridona bedeutet Freiheitswillen – bedenke, welche Kraft in diesem Namen liegt. Er entstand in Kriegszeiten und trägt Schmerz, Liebe, Hoffnung und Willenskraft in sich.

Um die negativen Assoziationen mit meinem Namen loszuwerden, begann ich, nach den positiven Verbindungen zu suchen.
Heute bin ich stolz auf meinen Namen und behaupte, dass Liridona perfekt zu mir passt, zumindest für diejenigen, die mich kennen.

Nun liegt es an dir, die tiefere Bedeutung deines Namens zu erforschen. Warum wurde dir gerade dieser Name gegeben? Wer hat ihn ausgewählt und aus welchem Grund? Betrachte deinen Namen als einen Teil deiner Identität, der mehr über dich aussagen könnte, als du vielleicht bisher gedacht hast.

Die Namensforschung kann eine faszinierende Reise sein, die dich zu einem besseren Verständnis von dir selbst führen kann. Vielleicht entdeckst du, dass dein Name eine spezielle Bedeutung oder eine verborgene Symbolik trägt, die dich auf eine neue Ebene der Selbsterkenntnis führen kann.

Indem du dich mit der Herkunft und Bedeutung deines Namens beschäftigst, kannst du eine tiefere Verbindung zu deiner eigenen Persönlichkeit herstellen und möglicherweise neue Einsichten über dich selbst gewinnen.
Es lohnt sich, diese Reise anzutreten und herauszufinden, welchen Einfluss dein Name auf dein Leben und deine Identität haben könnte.

Ich begann, all meine Trigger zu erkennen und habe gelernt, mich nicht mehr von ihnen beeinflussen zu lassen.

In meiner Reise der Selbstfindung und Heilung habe ich viele Höhen und Tiefen erlebt, die mich geprägt und gelehrt haben, wer ich wirklich bin. Die Begegnung mit ihm, der meine innersten Werte teilte, war ein Wendepunkt in meinem Leben. Es war, als ob das Universum uns zusammengeführt hatte und ich fühlte eine tiefe Verbindung, die mir Hoffnung und Licht schenkte.

Ich stellte fest, dass ich klare Vorstellungen von meinem zukünftigen Partner hatte – jemand, der nicht nur aus dem Kosovo stammte, sondern auch die Eigenschaften hatte, die für mich unverzichtbar waren. Diese Ansprüche waren nicht nur eine Liste von Erwartungen, sondern ein Spiegelbild dessen, was ich bereit war zu geben. Ich erkannte, dass eine gesunde Beziehung auf Gegenseitigkeit beruht und dass ich nur dann die Liebe und Unterstützung bekommen würde, die ich mir wünschte, wenn ich bereit war, dasselbe zu geben.

Durch die Herausforderungen in meiner Beziehung lernte ich, mich selbst zu reflektieren und mit meinen inneren Konflikten umzugehen. Ich stellte mich meiner Vergangenheit und der emotionalen Last, die sie mit sich brachte. Die Konfrontation mit meinen Ängsten und Schwächen war schmerzhaft, doch notwendig. Ich begann, mir selbst zu vergeben und die negativen Aspekte meiner Vergangenheit loszulassen. Es war ein Prozess, der mir half, meine Verletzlichkeit zu akzeptieren und zu erkennen, dass wahre Stärke darin liegt, sich selbst zu zeigen, wie man ist.

Ein zentraler Teil meiner Identität ist mein Name, Liridona. Die Bedeutung meines Namens, der für Freiheit und Willensstärke steht, wurde mir erst bewusst, als ich begann, mich mit meiner Herkunft und meinen Erfahrungen auseinanderzusetzen. Ich lernte, dass meine Identität nicht durch Vorurteile oder negative Erfahrungen definiert wird, sondern durch die Stärke und den Mut, meinen eigenen Weg zu gehen.

Heute bin ich stolz darauf, wer ich bin, eine Frau, die aus ihrer Vergangenheit gelernt hat und sich selbst liebt. Ich habe die Kontrolle über mein Leben und kann entscheiden, wer ich sein möchte. Mein Name, Liridona, ist nicht nur ein Teil meiner Identität, sondern auch ein Symbol für meine Unabhängigkeit und meinen Freiheitswillen.

Tief in mir wusste ich, dass er derjenige ist, auf den ich mein ganzes Leben lang gewartet habe. Der Schmerz, der mit der Selbstreflexion einherging, war hart, doch für ihn war ich bereit, alles zu geben. Auch heute noch gibt es Momente, die mich herausfordern, doch mittlerweile weiss ich, wie ich damit umgehen kann. Ich habe gelernt, meine Gefühle zuzulassen und sie mutig zu zeigen.

Ich habe gelernt, dass es in Ordnung ist, verletzlich zu sein, denn darin liegt wahre Stärke. Ich akzeptiere mich selbst mit all meinen Facetten und bin stolz auf die Person, die ich geworden bin. Durch diese Erfahrungen habe ich gelernt, dass Selbstliebe und Selbstakzeptanz der Schlüssel zu einem erfüllten Leben sind. Jeder Tag ist eine Gelegenheit, weiter zu wachsen und zu lernen und ich bin bereit, mich den Herausforderungen des Lebens mit Mut und Zuversicht zu stellen.

Eine Reise durch die Welt der Medizin

Beginnen wir mit meinen ersten Erfahrungen mit Ärzten. Ich kann mich bis zu einem Vorfall zurückerinnern, der stattfand, als ich gerade vier Jahre alt war und mir den Arm gebrochen hatte. In lebhafter Erinnerung bleibt mir, wie ich meinen Vater inständig bat, den Arztbesuch zu vermeiden, da ich fest davon überzeugt war, eine Spritze zu erhalten. Trotz seiner Beruhigung, dass dies nicht der Fall sein würde, stellte sich das Schicksal auf die andere Seite: Ich bekam eine Spritze, was mich damals sehr erschreckte.

Das nächste Mal, als ich einen Arzt aufsuchte, war aufgrund eines gebrochenen Beins. Nach diesem Vorfall hatte ich keine Arztbesuche mehr, bis ich plötzlich von einer schweren Lungenentzündung betroffen war. Zunächst hielt ich es nur für eine Erkältung, doch als ich schliesslich den Arzt aufsuchte, erhielt ich Antibiotika. Der Arzt äusserte seine Besorgnis und mahnte mich eindringlich, beim nächsten Mal nicht so lange zu warten, da dies ernsthafte Konsequenzen haben könnte.

Ich hatte fast das Gefühl, dass ich ab diesem Zeitpunkt Krankheiten mit Ängsten verknüpfte. Während des Schwimmunterrichts fiel mir auf, dass meine Nägel häufig blau wurden, obwohl mir nicht kalt war. Diese scheinbar harmlosen Beobachtungen weckten in mir den Verdacht, dass etwas nicht stimmte. Ohne zu zögern, entschied ich mich, frühzeitig meinen Arzt aufzusuchen, um der Ursache auf den Grund zu gehen. Dieses Mal wollte ich nicht zu lange warten, also entschied ich mich, Gewissheit zu erlangen und mögliche gesundheitliche Probleme auszuschliessen.

Bei meinem Arztbesuch wurde mein Blut auf mögliche Mangelerscheinungen untersucht, darunter Eisen und Vitamin B12. Es war eine Zeit der Ungewissheit und Sorge, während ich auf die Testergebnisse wartete.

Als schliesslich die Diagnose vorlag, bestätigte sich mein Verdacht: Mein Eisenwert im Blut war alarmierend niedrig. Die Normalbereiche für Frauen liegen zwischen 60–140 µg/dl und für Männer zwischen 80–150 µg/dl. Mein Wert hingegen lag bei lediglich 12 µg/dl, deutlich unterhalb des empfohlenen Bereichs.

Es war ein Schock für mich, dass mein Körper einen so starken Mangel aufwies. Zunächst erhielt ich Eisenmangeltabletten zur Behandlung. Aufgrund ihrer Grösse und den unangenehmen Nebenwirkungen, insbesondere Verstopfungen, erwies sich diese Therapie als herausfordernd. Daher entschloss ich mich für eine Eiseninfusion, um meinen Eisenwert schnell und effektiv zu erhöhen und so rasch wie möglich geheilt zu werden.

Als der Arzt mich über die bevorstehende Eiseninfusion aufklärte, fühlte ich mich einer Mischung aus Hoffnung und Unsicherheit ausgesetzt. Die erste Probe verlief reibungslos und wir vereinbarten einen Termin für die Infusion. Beim ersten Durchgang verlief alles problemlos und nach einem erneuten Bluttest stellte sich heraus, dass mein Eisenwert endlich in Ordnung war. Ein Jahr später traten erneut die gleichen Symptome auf und erneut war mein Eisenwert zu niedrig. Wir planten eine weitere Infusion.

Während ich im Patientenzimmer auf der Liege lag und die Infusion begann, fühlte ich mich zunächst erleichtert. Doch plötzlich spürte ich, wie sich meine Hand verkrampfte und ein unbehagliches Gefühl der Panik überkam mich.

Mein jüngerer Bruder, der anwesend war, bemerkte sofort, dass etwas nicht so verlief, wie es sollte. Er fragte besorgt, ob alles in Ordnung sei und ich musste zugeben, dass ich meine Hand nicht bewegen konnte, was beim letzten Mal definitiv nicht der Fall war.

Mein Bruder reagierte sofort und rannte aus dem Zimmer, um den Arzt zu holen. Während ich dort lag, fühlte ich mich ängstlich und hilflos. Die Minuten vergingen wie Stunden, bis endlich der Arzt eintraf. Es stellte sich heraus, dass die Infusion nicht korrekt platziert war und sich nicht in meinen Adern, sondern im umliegenden Gewebe verteilte.

Dieser Vorfall war beängstigend und verdeutlichte mir die Wichtigkeit der Beobachtung des eigenen Körpers. Dank der schnellen Reaktion meines Bruders endete die Situation glücklicherweise ohne grössere Komplikationen.

Nachdem die Eiseninfusion nicht korrekt verlief, entwickelte ich eine tiefe Angst vor weiteren Infusionen. Es war eine belastende Erfahrung und ich fühlte mich unwohl. Bei der nächsten Sprechstunde war ich nervös, weil ich hoffte, dass mein Arzt mir helfen könnte, die Gründe für meine anhaltenden Probleme zu finden.

Der Arzt begann, nach weiteren Ursachen zu suchen, warum mein Eisenwert nicht stabil blieb. Schliesslich äusserte er den Verdacht, dass meine Menstruation möglicherweise eine Rolle dabei spielte. Er erklärte mir, dass starke Blutungen einen erheblichen Einfluss auf den Eisenwert haben könnten und empfahl mir, einen Termin beim Frauenarzt zu vereinbaren.

Die Idee, dass meine Menstruation der Grund für meine Schwierigkeiten sein könnte, war neu für mich. Es machte Sinn und ich fühlte mich erleichtert, dass es einen möglichen Ansatz gab, um mein gesundheitliches Problem anzugehen. Der Arzt sagte mir, dass es Möglichkeiten gibt, die Stärke meiner Menstruation zu regulieren und ich war bereit, diesen Weg zu gehen. Trotz meiner Ängste war ich entschlossen, die nächsten Schritte zu unternehmen, um endlich zu einem besseren Gesundheitszustand zu gelangen.

Als ich zum Frauenarzt ging, um nach der passenden Antibabypille zu suchen, war ich voller Hoffnung auf Genesung. Doch meine Erwartungen wurden schnell enttäuscht. Die Ärztin schien nicht an meinen Bedenken und meinem Wohlbefinden interessiert zu sein. Ich erklärte ihr meine Situation und was mir mein Hausarzt empfohlen hatte, jedoch wurde mir einfach Desoren 30 in die Hand gedrückt, ohne weitere Erklärungen oder Rücksichtnahme.

Die Ärztin sagte mir, ich solle diese Pille einfach mal ausprobieren und sie drei Monate lang nehmen. Erst danach könnten wir über mögliche Nebenwirkungen sprechen. Diese oberflächliche Herangehensweise enttäuschte mich zutiefst. Ich hatte gehofft, gemeinsam mit der Ärztin eine für mich passende Lösung zu finden und mich gut beraten zu fühlen. Stattdessen fühlte ich mich alleingelassen und nicht ernst genommen.

Es war nicht das, was ich erwartet hatte und ich war enttäuscht über die mangelnde Empathie und Sorgfalt, die mir entgegengebracht wurden. Als Patientin hätte ich mir mehr Verständnis und Unterstützung gewünscht, um die richtige Entscheidung für meine Gesundheit treffen zu können.

Da ich mit der ersten Praxis gar nicht zufrieden war, entschied ich mich, sie zu wechseln.

Meine Enttäuschungen wollten nicht aufhören. In der neuen Praxis erhob sich plötzlich der Verdacht, dass ich möglicherweise Gebärmutterhalskrebs haben könnte. Als mir das gesagt wurde, überkam mich eine Welle der Angst. Ich war gerade einmal 24 Jahre alt und konnte nicht fassen, dass ich mit so einer ernsthaften Erkrankung konfrontiert werden sollte. Der Gedanke, dass etwas so Bedrohliches mit meinem Körper nicht stimmte, liess mich nicht los.

Ich wurde ins Kantonsspital überwiesen, um genauere Proben zur Abklärung zu nehmen. Die Zeit bis zu diesem Untersuchungstermin war eine Qual. Ich konnte kaum ruhig schlafen, meine Gedanken kreisten ständig um die Möglichkeit einer ernsten Diagnose. Die Unsicherheit nagte an mir und ich fühlte mich überfordert von der Schwere der Situation.

Als der Tag der Untersuchung endlich kam, war ich nervös und angespannt. Die Untersuchung selbst war sehr unangenehm und schmerzhaft. Ich erinnere mich, dass ich währenddessen versuchte, mich zu entspannen, doch es war schwierig, die Anspannung abzubauen. Nach der Prozedur fühlte ich mich erschöpft und emotional ausgelaugt.

Kurze Zeit später erhielt ich einen Anruf vom Spital und ich hielt den Atem an, als ich die Nummer sah. Als die Stimme am anderen Ende mir die erfreuliche Nachricht überbrachte, dass ich nichts habe und alles in Ordnung ist, fiel ein riesiger Stein von meinem Herzen. Die Erleichterung war überwältigend und ich konnte es kaum glauben.

Doch meine Enttäuschungen wollten wieder nicht aufhören. Ein Jahr später meldete ich mich erneut in der Praxis, um einen Termin für die Jahreskontrolle zu vereinbaren. Ich hoffte, dass sich die Dinge inzwischen verbessert hatten und ich eine bessere Erfahrung machen würde. Doch dann bekam ich einen Anruf von der Ärztin, der mich völlig aus der Bahn warf. Sie sprach mit mir in einem aggressiven und lauten Ton und erinnerte mich daran, dass ich mich im Kantonsspital untersuchen lassen müsse, wegen des Verdachts auf Gebärmutterhalskrebs. Sie stellte mir die Frage, ob ich die Anweisungen nicht ernst nehme.

In diesem Moment platzte mir der Kragen. Ich konnte nicht glauben, wie sie mit mir sprach. In mir brodelte die Wut und die Frustration über den Umgang mit mir. Ich sagte der Ärztin meine Meinung und fragte sie direkt, ob sie ihre Arbeit ernst nehme. Denn wenn sie das tun würde, müsste sie doch wissen, dass bei der Untersuchung im Spital herausgekommen war, dass ich gesund bin und die vorherige Diagnose eine Fehldiagnose war.

Es war ein mutiger Moment für mich, denn ich hatte genug von der Ungerechtigkeit und dem mangelnden Respekt, den ich in dieser Situation fühlte. Ich wollte, dass sie erkennt, dass ich nicht einfach nur eine weitere Patientin in ihrer Praxis war, sondern jemand, der ernst genommen werden sollte. Die Konversation war angespannt und ich wusste, dass diese Praxis nicht für mich geeignet war.

Ich entschied mich, mir endlich die Zeit zu nehmen, die richtige Frauenarztpraxis zu finden. Es war eine sehr begehrte Praxis mit einem hervorragenden Ruf und ich war fest entschlossen, dort meinen Platz zu ergattern, selbst wenn ich auf der Warteliste stehen musste. Zu meinem Glück nahmen sie gerade neue Patientinnen auf – endlich eine erfreuliche Nachricht, die mir ein Lächeln ins Gesicht zauberte.

Als ich die Praxis betrat, fühlte ich mich sofort in eine andere Welt versetzt. Die Atmosphäre war einladend und beruhigend. Ich wurde nicht nur freundlich empfangen, sondern auch wie eine Prinzessin behandelt – nein, fast wie eine Königin. Es war so einladend, dass ich sofort die Anspannung und Nervosität, die ich mitgebracht hatte, vergass.
Mir wurde ein Bademantel angeboten, den ich während der Untersuchungen tragen konnte. Diese kleine Geste liess mich sofort entspannen und half mir, mich wohler zu fühlen. Ich konnte spüren, dass hier darauf geachtet wurde, dass sich jede Patientin geschätzt und respektiert fühlte.

Als die Ärztin schliesslich zu mir kam, war sie unglaublich freundlich und einfühlsam. Ihr Lächeln strahlte Wärme aus und ich wusste sofort, dass ich in guten Händen war. Sie nahm sich die Zeit, mir zuzuhören, fragte nach meinen bisherigen Erfahrungen und erkundigte sich nach dem aktuellen Stand der Dinge. In diesem Moment fühlte ich mich ernst genommen und wirklich wohl. Es war, als ob sie sich für meine Gesundheit und mein Wohlbefinden interessierte und das war ein Gefühl, das ich lange nicht mehr erlebt hatte.

Die Ärztin hörte mir aufmerksam zu, ihr Blick war einfühlsam und verständnisvoll. Dann stellte sie mir eine Frage, die ich nicht erwartet hatte: „Rauchen Sie?" Zunächst war ich perplex. Bis zu diesem Moment hatte sich niemand dafür interessiert und ich fragte mich, warum das jetzt wichtig sein könnte. Ich antwortete ehrlich mit „Ja" und wollte wissen, warum sie das fragte.

Ihre Antwort öffnete mir die Augen. Sie erklärte mir, dass die Mini-Pille in der Regel besser für Frauen geeignet ist, die rauchen, da das Risiko von Thrombosen erhöht ist, wenn man die kombinierte Pille nimmt. Diese Informationen waren neu für mich und ich fühlte mich dankbar, dass sie mir diese wichtigen Details mitteilte. Es war ein Moment, in dem ich die Fürsorge und Professionalität der Ärztin wirklich spüren konnte. Sie wollte sicherstellen, dass ich die bestmögliche Behandlung erhielt und es war beruhigend zu wissen, dass sie meine Gesundheit ernst nahm.

In diesem Gespräch fühlte ich mich nicht nur als Patientin, sondern als jemand, dessen Bedenken und Fragen wirklich gehört wurden. Es war eine wertvolle Erfahrung, die mir das Gefühl gab, dass ich in dieser Praxis nicht nur eine Nummer war, sondern dass ich wichtig war. Ich verliess die Sprechstunde mit einem Gefühl der Erleichterung, dass ich in guten Händen war und mit dem Wissen, dass ich die richtigen Schritte in Richtung meiner Gesundheit unternehmen konnte.

In dieser Praxis fühlte ich mich von Anfang an wohl. Die Atmosphäre war einladend und die Ärztinnen strahlten Freundlichkeit und Verständnis aus. Ich hatte das Gefühl, dass ich gut aufgehoben war und dass meine gesundheitlichen Anliegen ernst genommen wurden. Doch trotz dieser positiven Erfahrungen gab es einen Punkt, der nie angesprochen wurde: der Zusammenhang zwischen der Antibabypille, der Mini-Pille und Depressionen.

Es schmerzt mich, dass ich in all den Gesprächen, die ich mit den Ärztinnen führte, dieses Thema nicht zur Sprache kam. Niemand hat mich je auf die möglichen psychischen Auswirkungen hingewiesen, die die Hormone in meinem Körper auslösen könnten. Es war, als ob dieser Aspekt einfach ignoriert wurde, obwohl er für viele Frauen von grosser Bedeutung ist.

Ich kann nicht anders, als mich zu fragen, warum dies nicht erwähnt wurde. Hätte ich gewusst, dass die Pille nicht nur meinen Eisenwert stabilisieren könnte, sondern auch meine Stimmung und mein emotionales Wohlbefinden beeinflussen kann, hätte ich vielleicht anders entschieden.

Ich erinnere mich, wie ich mich nach der Einnahme der Pille fühlte, gelegentlich in den Tiefen der Traurigkeit gefangen, ohne zu verstehen, woher diese Gefühle kamen. Es war frustrierend und verwirrend und ich fühlte mich oft allein mit meinen Gedanken. Ich hatte das Gefühl, dass ich gegen eine unsichtbare Wand kämpfte, während ich gleichzeitig versuchte, mein Leben zu leben. Es ist verletzend zu erkennen, dass mir anscheinend geholfen wurde, indem mein Eisenwert stabil gehalten wurde, doch niemand erwähnte den Preis, den ich dafür zahlen musste.

In einer Zeit, in der das Bewusstsein für psychische Gesundheit und Wohlbefinden immer wichtiger wird, hätte ich mir gewünscht, dass dieser Aspekt in meinen Gesprächen mit den Ärztinnen behandelt wird. Es ist wichtig, dass Frauen in ihrer Entscheidungsfindung über Verhütungsmethoden umfassend informiert werden, nicht nur über die physischen, sondern auch über die psychischen Auswirkungen. Denn letztendlich geht es um mehr als nur um medizinische Werte; es geht um das gesamte Wohlbefinden.

Die Ärzte, mit denen ich zu tun hatte, schienen in meinen Augen mehr an einer schnellen Lösung interessiert zu sein als an meinem tatsächlichen Wohlbefinden. Es war, als ob mein Zustand nur ein weiteres Problem war, das schnell behoben werden musste, damit ich keine Last, mehr für sie darstellte. Während ich mich immer schlechter fühlte, wurde mir bewusst, dass ihr Interesse nicht wirklich mir galt, sondern vielmehr dem Wunsch, eine unkomplizierte Lösung zu finden.

Ich kann nicht anders, als mich darüber zu ärgern, dass sich nie ein Arzt die Zeit genommen hat, mir ans Herz zu legen, wie wichtig eine gesunde Ernährung ist, um meinen Eisenwert stabil zu halten. Es hätte so einfach sein können, mir Ratschläge zu geben, die über die Einnahme einer Pille hinausgehen. Stattdessen fühlte ich mich in ein System gedrängt, das mir ein schnelles „Heilmittel" anbot, ohne die Wurzeln meiner Probleme zu betrachten.

Darüber hinaus hat nie jemand nach meiner Blutgruppe gefragt und ob sie vielleicht Auswirkungen auf meinen Eisenmangel haben könnte. Es ist frustrierend, diese Aspekte nicht angesprochen zu bekommen, denn ich weiss, dass sie entscheidend für mein Wohlbefinden sein könnten. Stattdessen wurde mir lediglich gesagt, dass die Pille mir das Leben erleichtert. Eine einfache Lösung, die jedoch viele komplexe Fragen unbeantwortet lässt.

Ich fühlte mich oft wie eine Nummer, nicht wie ein Mensch mit eigenen Bedürfnissen und Sorgen. Diese Erfahrungen haben mich gelehrt, dass es nicht nur darum geht, ein Problem zu lösen, sondern auch darum, die gesamte Person zu betrachten. Ich wünsche mir, dass in der medizinischen Praxis mehr Augenmerk auf individuelle Ansätze gelegt wird, die das körperliche und seelische Wohlbefinden gleichermassen berücksichtigen.

Als jemand mit der Blutgruppe AB negativ habe ich sowohl Vorteile als auch Nachteile, die meine Gesundheit und mein Leben beeinflussen. Einer der grössten Vorteile ist, dass ich als Universalempfänger für alle Rhesus-negativen Blutgruppen gelten kann. Das bedeutet, dass ich Blut von allen anderen Blutgruppen Rhesus negativ (0-, A-, B- und AB-) empfangen kann. In Notfällen gibt mir das ein gewisses Gefühl der Sicherheit, da ich weiss, dass die Chancen, in kritischen Situationen schnell das passende Blut zu erhalten, erheblich erhöht sind.

Ich habe auch gehört, dass Menschen mit meiner Blutgruppe möglicherweise ein geringeres Risiko für bestimmte Erkrankungen haben, wie Herz-Kreislauf-Erkrankungen und einige Krebsarten. Dieser Aspekt hat mir Hoffnung gegeben und zeigt, dass die genetischen Faktoren, die mit meiner Blutgruppe verbunden sind, möglicherweise auch schützende Eigenschaften haben.

Trotz dieser Vorteile gibt es jedoch auch einige Nachteile, die ich nicht ignorieren kann. Die Seltenheit meiner Blutgruppe bedeutet, dass es in medizinischen Notfällen schwierig sein kann, geeignete Spender zu finden.

Die Blutgruppe AB negativ ist zwar ein universeller Empfänger für Rhesus negativ, was bedeutet, dass Personen mit dieser Blutgruppe Blut von allen anderen Gruppen empfangen können, jedoch gibt es einige Gründe, warum sie in medizinischen Notfällen problematisch sein kann. AB negativ ist eine der seltensten Blutgruppen. In vielen Populationen macht sie nur einen kleinen Prozentsatz aus, was die Verfügbarkeit von Spenderblut stark einschränken kann. In einem Notfall, in dem sofort Blut benötigt wird, könnte es schwierig sein, ausreichend Spender mit dieser Blutgruppe zu finden – fast unmöglich.

Obwohl AB negativ ein Universalempfänger ist, können die Patienten dennoch auf bestimmte Bluttransfusionen reagieren, insbesondere wenn das Spenderblut nicht richtig getestet wurde. Dies kann zu immunologischen Reaktionen führen, die potenziell gefährlich sind. Bei Bluttransfusionen besteht immer das Risiko, dass das empfangene Blut Antikörper enthält, die auf die eigenen Blutzellen reagieren.

Dies ist besonders kritisch, wenn nicht genügend Spenderblut zur Verfügung steht und auf alternative Spender zurückgegriffen werden muss. Was auch wichtig zu wissen ist: Alle Rhesus-negativen Blutgruppen machen nur einen Prozentsatz von 15 % aus.

Aufgrund der Seltenheit der AB-negativen Blutgruppe können Blutbanken oft nicht genügend Lagerbestände aufrechterhalten. In Notfällen kann dies zu Verzögerungen bei der Behandlung führen, da nicht immer sofort passendes Blut vorhanden ist.

Diese Faktoren verdeutlichen, dass Menschen mit der Blutgruppe AB negativ in medizinischen Notfällen eine besondere Herausforderung darstellen können. Ich spende regelmässig Blut, weil ich mir der Seltenheit meiner Blutgruppe AB negativ bewusst bin – nur etwa 1 % der Bevölkerung hat sie. Auch wenn mein Blut vielleicht nie direkt für mich selbst benötigt wird, weiss ich, dass ich damit anderen in Notfällen helfen kann.

Es erfüllt mich mit einem Gefühl von Verantwortung und Hoffnung, zu wissen, dass ich möglicherweise das Leben eines anderen Menschen retten kann. Darüber hinaus ist es auch eine Art von Selbstschutz: Indem ich spende, hoffe ich, dass im Fall der Fälle auch für mich vorgesorgt ist. Blutspenden ist für mich eine wichtige Möglichkeit, aktiv zur Gemeinschaft beizutragen und Solidarität zu zeigen.

Ein weiterer Nachteil, den ich festgestellt habe, ist die mögliche geringere Fähigkeit meiner Blutgruppe zur Eisenaufnahme. Das sorgt dafür, dass ich durch Eisenmangel anfällig bin. Das Wissen über die Seltenheit meiner Blutgruppe AB negativ habe ich nicht durch ärztliche Informationen erlangt; vielmehr habe ich es mir selbst angeeignet, indem ich recherchiert habe.

Insgesamt hat meine Blutgruppe AB negativ meine Perspektive auf Gesundheit und Wohlbefinden geprägt. Ich bin mir der Vorzüge bewusst, doch auch der Herausforderungen, die damit einhergehen.
Ja, ich habe erfahren, dass die Pille zwar bei einigen Beschwerden helfen konnte, doch das eigentliche Problem nur unterdrückte. Leider wurde mir nicht erklärt, dass es tiefere Ursachen geben könnte, die behandelt werden sollten. Stattdessen fühlte ich mich oft nur als Patientin, die mit Medikamenten versorgt wurde, ohne dass auf meine individuellen Bedürfnisse eingegangen wurde.

Ich hatte den Eindruck, dass viele Ärzte nicht genügend Zeit hatten, um auf die Sorgen ihrer Patienten einzugehen. Eine ausführliche Information und das Überdenken von Lösungen jenseits von Medikamenten blieben oft auf der Strecke.

Das frustrierte mich, denn ich wollte mehr über meine Gesundheit erfahren und verstehen, was wirklich hinter meinen Beschwerden steckte. Ich wünschte mir, dass Ärzte mehr in die Tiefe gingen und mich als ganzen Menschen betrachteten, anstatt nur die Symptome zu behandeln.

Auf meinem Weg zur Selbstliebe und Selbsterkenntnis begann ich, mich intensiv mit dem Thema der Antibabypille auseinanderzusetzen. Ich wusste, dass ich ein lebensfroher Mensch war, voller Energie und Lebensfreude. Doch als ich mit der Einnahme der Pille begann, stellte ich allmählich fest, dass sich meine psychische Verfassung verschlechterte. Diese Veränderung kam schleichend und ich bemerkte zunächst nicht, wie sehr sie mich beeinflusste.

Die Entscheidung, die Minipille zu nehmen, stellte sich als noch gravierender heraus. Mein Zustand verschlimmerte sich massiv. Ich fühlte mich immer wertloser und glaubte, dass ich unfähig und dumm sei. Die Worte, die mir gesagt wurden, hallten in meinem Kopf wider und ich nahm sie mir zu Herzen. Ich verlor nicht nur meinen Willen, sondern auch die Stärken, die mich zuvor ausgemacht hatten. Der Kampf für mich selbst, für meine Träume und Wünsche, schien immer mehr zu erlöschen.

Irgendwann fand ich mich in einem tiefen Loch wieder, aus dem ich keinen Ausweg zu sehen glaubte. Ich redete mir ein, das Leben müsse wohl so sein und dass ich kein Recht auf Glück hätte. Diese negativen Gedanken wurden zu einer Art innerem Mantra, das mich ständig begleitete. Ich fühlte mich gefangen in einem Zustand der Verzweiflung und der Schatten der Depression schien mich unaufhörlich zu verfolgen.

Erst auf meinem Weg der Besserung, als ich anfing, mich mit meiner mentalen Gesundheit auseinanderzusetzen, wurde mir klar, wie stark die Minipille meine Psyche beeinflusste. Obwohl ich glückliche Momente erlebte und Fortschritte machte, war da immer dieser Schatten, der mich daran erinnerte, wie verletzlich ich war. Dieses Bewusstsein brachte mich dazu, mich intensiver über die Auswirkungen der Antibabypille und der Minipille zu informieren.

Ich begann, die Zusammenhänge zwischen Hormonen und Emotionen zu verstehen und es wurde mir klar, dass ich nicht alleinstand. Viele Frauen hatten ähnliche Erfahrungen gemacht. Diese Erkenntnis gab mir den Mut, meine eigene Geschichte zu erzählen und mich aktiv für meine Gesundheit einzusetzen.
Ich wollte nicht länger nur reagieren, sondern selbstbestimmt leben und die Kontrolle über mein Wohlbefinden zurückgewinnen. Es war ein schmerzhafter, doch notwendiger Schritt, um zu erkennen, dass ich das Recht auf Glück und Selbstwertgefühl habe.

Die Antibabypille und die Minipille sind weit verbreitete hormonelle Verhütungsmittel, die viele Frauen nutzen, um ihre Familienplanung zu steuern. Doch bei einigen Frauen können diese Pillen psychische Probleme hervorrufen oder bestehende Probleme verschlimmern. Die synthetischen Hormone, die in diesen Verhütungsmitteln enthalten sind, beeinflussen den natürlichen Hormonhaushalt des Körpers und können auf verschiedene Weisen auf die Psyche wirken.

Ein häufiges Problem, das in Verbindung mit der Einnahme dieser Pillen auftritt, ist die Depression. Viele Frauen berichten von einer Verschlechterung ihrer Stimmungslage und dem Auftreten depressiver Symptome nach Beginn der Pilleneinnahme. Die Veränderungen im Hormonhaushalt können das emotionale Gleichgewicht empfindlich stören und dazu führen, dass man sich antriebslos oder traurig fühlt. Ein weiteres häufiges Symptom sind Angstzustände.

Die hormonellen Veränderungen, die durch die Einnahme der Pille ausgelöst werden, können zu erhöhter Nervosität und innerer Unruhe führen. Frauen berichten oft, dass sie das Gefühl haben, die Kontrolle über ihre Emotionen zu verlieren, was zu einem ständigen Gefühl der Angst und Unsicherheit führt.

Stimmungsschwankungen sind ebenfalls ein verbreitetes Phänomen. Viele Frauen erleben während der Einnahme der Pille plötzliche und unerklärliche Wechsel zwischen Traurigkeit, Reizbarkeit und Wut. Diese Schwankungen können das tägliche Leben und zwischenmenschliche Beziehungen erheblich belasten und zu Missverständnissen und Konflikten führen. Zusätzlich kann die Einnahme der Antibabypille zu einer verminderten Libido führen. Bei einigen Frauen sinkt das sexuelle Verlangen, was emotional belastend sein kann und das Gefühl der Intimität in Beziehungen beeinträchtigt.

Ich habe oft darüber nachgedacht, wie verschiedene Faktoren das sexuelle Verlangen von Frauen beeinflussen können. Besonders die verminderte Libido hat mich beschäftigt und ich frage mich, inwieweit Depressionen und die Einnahme von hormonellen Verhütungsmitteln wie der Antibabypille oder Minipille eine Rolle spielen.

In meinem eigenen Umfeld habe ich beobachtet, dass viele Frauen, die mit Depressionen kämpfen, auch eine Veränderung in ihrem sexuellen Verlangen erleben. Es scheint, als würde die emotionale Belastung, die mit Depressionen einhergeht, nicht nur die Stimmung, sondern auch die Fähigkeit, Intimität zu empfinden, stark beeinträchtigen. Diese Frauen berichten häufig, dass sie sich weniger zu ihrem Partner hingezogen fühlen und dass das Interesse an sexuellen Aktivitäten nachgelassen hat.

Es ist, als ob die Freude an vielen Aspekten des Lebens, einschliesslich der Sexualität, durch die Depression stark gedämpft wird.

Zusätzlich habe ich mich gefragt, ob die hormonellen Veränderungen, die durch die Einnahme der Antibabypille oder der Minipille verursacht werden, ebenfalls einen Einfluss haben könnten. Ich habe gelesen, dass diese Verhütungsmittel den Hormonhaushalt einer Frau verändern, was zu einer Abnahme des sexuellen Verlangens führen kann. Die hormonellen Schwankungen können die Libido beeinflussen und dazu führen, dass Frauen sich weniger ansprechend oder weniger interessiert fühlen. Es ist interessant zu sehen, wie komplex die Beziehung zwischen psychischer Gesundheit, Hormonen und Sexualität ist.

Für viele Frauen kann es eine Herausforderung sein, die Ursachen für eine verminderte Libido zu identifizieren und zu verstehen. In meiner Überlegung wird deutlich, dass sowohl Depressionen als auch hormonelle Veränderungen durch Verhütungsmittel wichtige Faktoren sind, die nicht ignoriert werden dürfen. Es ist wichtig, dass Frauen, die solche Probleme erleben, sich Unterstützung suchen und offen über ihre Erfahrungen sprechen, um Lösungen zu finden, die ihre Lebensqualität verbessern können.

Kognitive Veränderungen sind ein weiteres mögliches Symptom. Manche Frauen berichten von Konzentrationsschwierigkeiten oder einem sogenannten „Gehirnnebel", der ihre Fähigkeit, klar zu denken oder Entscheidungen zu treffen, beeinträchtigt. Diese kognitiven Herausforderungen können sich negativ auf das Berufsleben und den Alltag auswirken.

Schliesslich kann die Einnahme der Pille auch das Selbstwertgefühl beeinträchtigen. Negative Auswirkungen auf das körperliche Wohlbefinden, wie Gewichtszunahme oder andere körperliche Beschwerden, tragen oft zu einem Gefühl der Wertlosigkeit bei. Frauen fühlen sich möglicherweise unwohl in ihrer Haut und zweifeln an ihrem Selbstwert.

Es ist wichtig zu betonen, dass nicht alle Frauen diese Nebenwirkungen erleben und die Reaktionen auf hormonelle Verhütungsmittel individuell sehr unterschiedlich sein können. Frauen, die psychische Probleme im Zusammenhang mit der Einnahme der Antibabypille oder der Minipille erleben, sollten nicht zögern, mit ihrem Arzt oder einer Fachkraft über ihre psychische Gesundheit zu sprechen. Es gibt alternative Verhütungsmethoden sowie Strategien zur Unterstützung der psychischen Gesundheit, die in solchen Fällen in Betracht gezogen werden können. Der erste Schritt zur Heilung und zum Wohlbefinden ist, die eigenen Erfahrungen zu erkennen und aktiv nach Lösungen zu suchen.

Ich habe recherchiert, ob die Minipille Eisenmangel stabilisiert. Dabei fand ich heraus, dass sie durch die Regulierung und Verringerung der Menstruationsblutung in einigen Fällen helfen kann, den Eisenverlust zu reduzieren. Allerdings ist die Wirkung individuell unterschiedlich. Während einige Frauen profitieren, haben andere weiterhin Probleme mit einem niedrigen Eisenwert. Es ist wichtig, die eigene Gesundheit zu beobachten, damit der Eisenstatus optimal bleibt.

Das Blut, das während der Menstruation abfliesst, stammt aus dem bestehenden Blut des Körpers und nicht aus neu produziertem Blut. Während des Menstruationszyklus wird die Gebärmutterschleimhaut durch ein Netzwerk von Blutgefässen versorgt, wo im Körper vorhanden ist und wird über die Blutgefässe in die Schleimhaut geleitet, wo es sich anreichert.

Wenn es während des Zyklus zu keiner Befruchtung kommt, sinkt der Progesteronspiegel. Dies führt dazu, dass die Blutgefässe in der Gebärmutterschleimhaut verengt werden. Infolgedessen wird die Schleimhaut abgebaut, was zu einem Blutverlust führt. Die Menge an Blut, die während der Menstruation verloren geht, variiert von Frau zu Frau, liegt jedoch im Durchschnitt zwischen 30 und 80 Millilitern über die gesamte Dauer der Menstruation.

Zusammenfassend lässt sich sagen, dass das Menstruationsblut aus den bestehenden Blutgefässen der Gebärmutterschleimhaut stammt und nicht zusätzlich vom Körper produziert wird. Dieses Verständnis ist wichtig, um die physiologischen Abläufe im weiblichen Körper während des Menstruationszyklus besser nachvollziehen zu können. So ergab sich mein Jahresvorsatz für das Jahr 2025: Ich habe beschlossen, alles genau zu hinterfragen. Ich habe viel darüber gelesen, was man zu welcher Zykluszeit essen sollte und wie Kaffee sich auf Frauen auswirkt. Wusstest du, dass Kaffee während der Menstruation zu Krämpfen führen kann? Daher möchte ich bewusst darauf achten, was ich zu welcher Zykluszeit esse.

Ich beabsichtige, diesen Weg zu gehen und bin überzeugt, meinen Eisenmangel, ohne die Minipille heilen zu können. Ich bin zuversichtlich, dass das funktioniert. Bis jetzt hat mir niemand beigebracht, dass dieser Ansatz möglich ist. Ich bevorzuge es, mich gesund und ausgewogen zu ernähren, anstatt Medikamente zu nehmen, die meinen Hormonhaushalt durcheinanderbringen. Ausserdem glaube ich, dass die Pille die Kraft, die wir Frauen in uns tragen, unterdrückt.

Durch die Hormone sind wir oft nicht in der Lage, unser wahres Ich zu hören. Bis Ende des Jahres werde ich einen Ernährungsplan mit verschiedenen Rezepten erstellen, der auf meinen Zyklus abgestimmt ist. Ich möchte keine Krämpfe mehr während meiner Tage haben, kein PMS und einen stabilen Eisenwert. Diese Erfahrungen werde ich in meinem nächsten Buch festhalten. Ich werde ein Tagebuch führen, um jeden Tag nach dem Absetzen zu dokumentieren, welche Gefühle ich habe und wie sich das auf meinen Körper auswirkt. Ich bin überzeugt, dass dies der richtige Weg zu einem gesunden Ich ist, selbstbewusst, voller Zuversicht und in Harmonie mit meinem Körper.

Vielleicht fragst du dich, warum ich nicht sofort mit meinem Vorhaben beginne. Das liegt daran, dass ich mir Zeit geben möchte, um perfekt vorbereitet zu sein. Typischerweise bin ich ein ungeduldiger Mensch, der alles sofort will, doch ich habe erkannt, dass das nicht der richtige Weg ist. Ich finde, man sollte alles genau planen und sich bewusst sein, was auf einen zukommt, bevor man einen solchen Schritt wagt. Wenn es nicht funktioniert, sind wir enttäuscht und das beeinflusst unser Selbstwertgefühl negativ.

Deshalb werde ich in Zukunft Entscheidungen mit Bedacht und Geduld treffen. Indem ich mir diese Zeit nehme, zeige ich mir und meinem Unterbewusstsein die Liebe und Fürsorge, die ich verdiene.

Ich möchte sicherstellen, dass ich bereit bin, meinen Weg zu gehen und dass ich die Unterstützung habe, die ich benötige. So treffe ich Entscheidungen, die auf einem soliden Fundament basieren und mir helfen, mein wahres Potenzial zu entfalten.

Bevor wir zum nächsten Kapitel übergehen, möchte ich dir eine wichtige Weisheit mit auf den Weg geben, die deinen Weg entscheidend beeinflussen kann. Wenn du dir etwas vornimmst, halte dein Wort. Es mag einfach klingen, doch die Bedeutung dahinter ist tiefgreifend. Wenn du dein Wort brichst, belügst du nicht nur dich selbst, sondern auch dein Unterbewusstsein. Jedes Mal, wenn du ein Versprechen an dich selbst brichst, sendest du die Botschaft aus, dass deine eigenen Bedürfnisse und Ziele weniger wert sind.

Stell dir vor, wie dein Unterbewusstsein darauf reagiert. Es wird programmiert, dass du dein Wort sowieso nicht hältst und das beeinflusst, wie du dich selbst wahrnimmst. Wie soll dein Unterbewusstsein an deine Treue zu dir selbst glauben, wenn du immer wieder von deinen eigenen Zielen abrückst? Es ist an der Zeit, diese schädlichen Muster zu durchbrechen und die Kontrolle über dein Leben zurückzugewinnen. Ab heute, wenn du dir selbst ein Versprechen gibst, halte es ein, ohne Ausnahmen.

Jedes Mal, wenn du dein Wort hältst, stärkst du nicht nur dein Selbstvertrauen, sondern schaffst auch eine tiefere Verbindung zu deinem Körper und deiner Psyche. Du zeigst dir selbst, dass du wichtig bist und dass deine Ziele und Träume es wert sind, verfolgt zu werden.

Denke daran, dass deine Versprechen an dich selbst von ebenso grosser Bedeutung sind wie die, die du anderen gibst. Sie sind der Schlüssel zu deinem inneren Frieden und deiner emotionalen Stabilität. Wenn du dir selbst treu bleibst, schaffst du eine solide Grundlage des Respekts und der Loyalität dir gegenüber.

Du hast die Macht, dein Leben aktiv zu gestalten und das beginnt mit der Entschlossenheit, deine Versprechen zu halten. Sei beständig und sei stolz auf jeden kleinen Schritt, den du machst.
Du verdienst es, die beste Version deiner selbst zu sein und du bist in der Lage, das zu erreichen. Glaube an dich selbst, halte dein Wort und beobachte, wie sich dein Leben in eine positive Richtung entwickelt. Du bist stark, du bist fähig und du bist bereit, alles zu erreichen, was du dir vornimmst!

ADHS & ADS

Vor zwei Jahren erhielt meine Mutter die erschütternde Diagnose, dass sie ihre Hüftgelenke ersetzen lassen muss. Diese Nachricht traf sie wie ein Schock und löste eine Welle der Verzweiflung und Ängste in ihr aus. Für sie bedeutete diese bevorstehende Operation nicht nur eine körperliche Herausforderung, sondern auch eine enorme psychische Belastung. Die Angst vor dem Unbekannten lastete schwer auf ihrer Seele.

Die Vorstellung, dass sie sich einer Operation unterziehen müsste, löste bei meiner Mutter tiefe Ängste und Unsicherheiten aus. Sie hatte schon immer eine tiefe Abneigung gegen medizinische Eingriffe und Operationen und die Vorstellung, dass sie sich dieser ungewissen und beängstigenden Situation stellen musste, liess sie innerlich erzittern. Die Gedanken an den Schmerz, die Unsicherheit über den Heilungsprozess und die Angst vor möglichen Komplikationen plagten sie Tag und Nacht.

Die psychischen Folgen dieser Diagnose waren für meine Mutter überwältigend und belastend. Sie fühlte sich verletzlich und hilflos und die Angst vor dem Unbekannten nagte unaufhörlich an ihrem Gemüt. Nur daran zu denken, dass sie sich einer so einschneidenden Veränderung ihres Körpers und ihres Lebens unterziehen musste, löste eine tiefe Verzweiflung und Traurigkeit in ihr aus.

In diesen dunklen Momenten fühlte sich meine Mutter allein und überwältigt von ihren Ängsten und Sorgen. Doch trotz all dieser emotionalen Wirren und seelischen Belastungen fand sie auch einen Funken Hoffnung und Stärke in sich. Sie kämpfte gegen ihre Ängste an, suchte Trost und Unterstützung bei ihren Liebsten und fand den Mut, sich der Operation zu stellen, um ihre Gesundheit und ihr Wohlbefinden wiederzuerlangen.

Die bevorstehende Operation war für meine Mutter nicht nur eine körperliche Herausforderung, sondern auch eine Reise durch ein Meer von Emotionen sowie psychischen und physischen Belastungen. Doch inmitten all dieser Ängste und Unsicherheiten fand sie auch die Kraft, sich ihrer Angst zu stellen und sich auf den Weg der Heilung und Genesung zu begeben.

Zwei Jahre nach der Operation schien es meiner Mutter nicht besser zu gehen. Immer wieder tauchten neue Beschwerden auf, die sie quälten.

Wir gingen von Arzt zu Arzt und sie verbrachte Zeit in einer Rehaklinik, in der Hoffnung, endlich Linderung zu finden. Doch es schien alles vergeblich zu sein. Ihre gesundheitlichen Probleme zogen sich wie ein Schatten über unser Leben.

Da meine Mutter nicht gut Deutsch sprechen kann, war es für sie besonders schwierig, sich in dieser medizinischen Welt zurechtzufinden. Deshalb begleitete immer jemand aus der Familie sie zu den Terminen. Wann immer ich konnte, war ich es, der sie zum Arzt begleitete. Ich wollte, dass sie weiss, wie wichtig sie für mich ist und dass ich sie liebe. Es war mir ein Bedürfnis, an ihrer Seite zu sein, besonders in diesen herausfordernden Zeiten.

Wenn ich nicht anwesend sein konnte, sagte ich ihr immer, sie solle mich anrufen und ich würde für sie übersetzen. Ich verstand ihre Ängste und wollte, dass sie weiss, dass sie nicht allein ist. Oft nahm ich sogar halbe Ferientage, um sie zu begleiten. Bei den Terminen mit Spezialisten musste jemand mitgehen und ich wollte nicht nur sicherstellen, dass sie gut betreut wird, sondern auch selbst verstehen, was mit ihr los war. Mein innigster Wunsch war es, dass es ihr gut geht und ich fühlte mich verantwortlich, ihr in dieser Zeit beizustehen.

Eines Tages begleitete ich sie zu einer Psychiaterin und dieses Gespräch veränderte alles für mich. Ab diesem Moment begann ich, viele Dinge über mich zu verstehen, die mir zuvor immer ein Rätsel waren. Die Psychiaterin sprach über Emotionen, Ängste und die Herausforderungen, die mit psychischen Erkrankungen einhergehen. Während ich zuhörte, wurde mir klar, dass ich nicht nur für meine Mutter da war, sondern auch für mich selbst. Ich fühlte mich emotional berührt und gleichzeitig erleichtert, weil ich endlich einige meiner eigenen Erfahrungen und Gefühle einordnen konnte.

Es war, als ob plötzlich ein Licht aufging und ich die Zusammenhänge erkennen konnte. Ich begann zu verstehen, dass die Herausforderungen, die wir gemeinsam durchlebten, nicht nur uns als Familie zusammenschweissten, sondern mir auch halfen, meine eigene Identität besser zu begreifen.

Beim Besuch bei der Psychiaterin mit meiner Mutter hatte ich die Gelegenheit, viel über mich und mein Wesen herauszufinden. Schon lange hatte ich ausgeschlossen, dass ich an ADHS leide, da ich zwar aktiv war, doch nie so impulsiv oder unruhig wie mein kleiner Bruder. Um die Ursachen für die Depressionen meiner Mutter zu ergründen, brachte ich zur Sprache, dass mein Bruder ADHS hat. Die Ärztin erklärte mir daraufhin, dass ADHS erblich und genetisch bedingt sein kann. Diese Information liess mich innehalten, denn es machte für mich Sinn, dass ich möglicherweise auch betroffen sein könnte.

Dennoch war ich nie hyperaktiv, was mich in meiner Überzeugung bestärkte, dass ich nicht zu den typischen ADHS-Betroffenen gehöre. Daher stellte ich der Ärztin die Frage, warum viele der Symptome, die sie beschrieb, auf mich zutreffen, während die hyperaktiven Merkmale nicht zu meinem Verhalten passen. Ihre Antwort war aufschlussreich. Sie erklärte mir, dass es auch das Aufmerksamkeits-Defizit-Syndrom gibt, welches besonders häufig bei Mädchen vorkommt und oft weniger auffällt, da Mädchen grundsätzlich tendenziell ruhiger sind. Diese Erkenntnis war für mich ein entscheidender Moment, der mir half, meine eigenen Erfahrungen und Verhaltensweisen besser zu verstehen.

Zudem war mir lange Zeit nicht bewusst, dass ich das assoziierte Denken habe. Ich nannte es stets „komisches Denken", da ich bis zu diesem Besuch bei der Psychiaterin nicht erkannte, dass es eine spezifische Denkweise beschreibt. Jetzt verstehe ich, dass dieses assoziierte Denken eine bedeutende Facette meiner Identität ist. Es ermöglicht mir, kreativ zu sein, neue Verbindungen zwischen Ideen herzustellen und Probleme auf unkonventionelle Weise zu betrachten.

Diese Einsichten haben mir nicht nur geholfen, meine Stärken zu akzeptieren, sondern auch mein Selbstverständnis erheblich zu erweitern.

Das Wissen über meine Denkweise und die Verbindung zu ADS haben mir das Selbstbewusstsein gegeben, meine Einzigartigkeit zu schätzen und meine individuellen Fähigkeiten zu nutzen. Ich fühle mich nun ermutigt, diese Erkenntnisse in meinem Alltag zu integrieren und mich weiterzuentwickeln, sowohl persönlich als auch beruflich.

Assoziiertes Denken ist ein kognitiver Prozess, bei dem Gedanken, Ideen und Konzepte miteinander verknüpft werden, oft auf eine spontane und nicht-lineare Weise. Im Gegensatz zu analytischem Denken, das strukturiert und schrittweise ist, erlaubt assoziiertes Denken eine freiere Form des Denkens, bei der man von einem Gedanken zum nächsten springt und Verbindungen zwischen scheinbar unzusammenhängenden Informationen herstellt.

Dieser Denkstil ist oft mit Kreativität und Innovation verbunden, da er es ermöglicht, neue Perspektiven zu gewinnen und originelle Lösungen für Probleme zu finden. Menschen, die assoziatives Denken besitzen, können in der Lage sein, Muster zu erkennen und Ideen zu kombinieren, die anderen möglicherweise nicht einfallen. Dies kann besonders in kreativen Berufen oder in Situationen, die schnelles Denken erfordern, von Vorteil sein.

In der Praxis zeigt sich assoziiertes Denken häufig in Brainstorming-Sitzungen, kreativen Schreibprozessen oder in der Kunst, wo spontane Ideen und Eingebungen geschätzt werden. Es kann auch bei der Problemlösung hilfreich sein, da es den Denkenden erlaubt, über den Tellerrand hinauszusehen und innovative Ansätze zu entwickeln.

ADHS und ADS bieten viele Vorteile, die oft übersehen werden, insbesondere in Verbindung mit assoziiertem Denken. Menschen mit ADHS oder ADS haben häufig die Fähigkeit, Informationen auf unkonventionelle Weise zu verknüpfen, was zu kreativen Lösungen und neuen Ideen führt. Ihr assoziiertes Denken ermöglicht es ihnen, Verbindungen zwischen scheinbar unabhängigen Konzepten herzustellen, wodurch sie innovative Ansätze in verschiedenen Bereichen entwickeln können.

Diese kreative Denkweise wird oft durch den Zustand des Hyperfokus unterstützt, den viele Menschen mit ADHS erleben. In diesen Momenten können sie sich intensiv mit einem Thema oder Projekt beschäftigen und ihre assoziativen Gedanken in konkrete Ergebnisse umsetzen. Dies kann besonders in kreativen Berufen oder bei der Lösung komplexer Probleme von grossem Nutzen sein.

Die oft hohe Energie und Begeisterung von Menschen mit ADHS können ebenfalls mit ihrem assoziierten Denken in Verbindung stehen. Sie sind bereit, neue Ideen auszuprobieren und verschiedene Ansätze zu verfolgen, was ihre Flexibilität und Anpassungsfähigkeit in dynamischen Umgebungen fördert. Diese Eigenschaften sind wertvoll, wenn es darum geht, kreative Lösungen zu finden und sich an neue Herausforderungen anzupassen.

Darüber hinaus zeigt sich, dass die sozialen Fähigkeiten von Menschen mit ADHS in Kombination mit ihrem assoziierten Denken dazu führen, dass sie interessante Gespräche führen und neue Perspektiven einbringen können. Sie sind oft in der Lage, Verbindungen zwischen den Gedanken anderer herzustellen und somit den Dialog zu bereichern.

Ein weiterer Vorteil ist die Widerstandsfähigkeit, die viele Menschen mit ADHS oder ADS entwickeln. Die Herausforderungen, die sie erleben, fördern oft eine tiefere Selbstreflexion und die Fähigkeit, aus Erfahrungen zu lernen, was ihre assoziativen Denkprozesse weiter stärkt.

Insgesamt zeigen sich die Stärken von ADHS und ADS, insbesondere in Verbindung mit assoziiertem Denken, als wertvolle Ressource. Diese positiven Eigenschaften ermöglichen es den Betroffenen, kreativ zu denken, innovative Lösungen zu finden und ein erfülltes Leben zu führen. Es ist wichtig, diese Stärken zu erkennen und zu fördern, um die Herausforderungen, die mit ADHS oder ADS verbunden sind, effektiv zu bewältigen.

ADHS, oder Aufmerksamkeitsdefizit-Hyperaktivitätsstörung, ist eine neurobiologische Störung, die vor allem durch Probleme mit der Aufmerksamkeit, Impulsivität und Hyperaktivität gekennzeichnet ist. Menschen mit ADHS haben oft Schwierigkeiten, sich über längere Zeit auf Aufgaben zu konzentrieren, sind leicht ablenkbar und können impulsive Entscheidungen treffen. Diese Symptome können sowohl im Kindes- als auch im Erwachsenenalter auftreten und sich auf verschiedene Lebensbereiche auswirken, einschliesslich Schule, Beruf und Beziehungen.

ADS, oder Aufmerksamkeitsdefizitsyndrom, wird oft als eine mildere Form von ADHS betrachtet. Bei ADS sind die Symptome in der Regel weniger ausgeprägt und umfassen hauptsächlich Schwierigkeiten mit der Aufmerksamkeit, ohne die hyperaktiven oder impulsiven Verhaltensweisen, die typischerweise mit ADHS verbunden sind. Menschen mit ADS können Schwierigkeiten haben, sich auf Aufgaben zu konzentrieren, sind oft vergesslich und haben Probleme, Anweisungen zu folgen, zeigen jedoch nicht die gleiche Hyperaktivität.

ADHS und ADS bringen viele Vorteile mit sich, die oft übersehen werden. Eine der bemerkenswertesten Stärken ist die Kreativität.

Ein weiteres positives Merkmal ist der Zustand des Hyperfokus, den viele Menschen mit ADHS erleben können. In bestimmten Situationen sind sie in der Lage, sich intensiv und produktiv auf eine Aufgabe zu konzentrieren, insbesondere wenn sie interessiert sind. Diese Fähigkeit kann zu bemerkenswerten Ergebnissen führen.

Die oft ausgeprägte Energie von Menschen mit ADHS kann ebenfalls als Vorteil angesehen werden. Sie sind oft enthusiastisch und motiviert, was ansteckend auf andere wirken kann. Diese Energie, kombiniert mit einer hohen Flexibilität, ermöglicht es ihnen, sich schnell an neue Situationen anzupassen und in dynamischen Umgebungen zu gedeihen.

Darüber hinaus zeigen viele Menschen mit ADHS hervorragende Problemlösungsfähigkeiten. Ihre einzigartigen Perspektiven erlauben es ihnen, kreative Ansätze zu entwickeln, die anderen möglicherweise nicht einfallen. In sozialen Situationen blühen sie oft auf, knüpfen schnell Kontakte und inspirieren andere durch ihre Geselligkeit.

Ein weiterer Vorteil ist die Widerstandsfähigkeit, die viele Menschen mit ADHS oder ADS entwickeln. Die Herausforderungen, die mit diesen Störungen einhergehen, führen oft dazu, dass sie lernen, mit Schwierigkeiten umzugehen und sich nicht unterkriegen zu lassen.

Schliesslich zeigt sich bei Menschen mit ADHS oder ADS häufig ein starkes Interesse an neuen Erfahrungen. Diese Neugier treibt sie an, neue Dinge auszuprobieren und vielfältige Lebenswege zu erkunden.

Insgesamt ist es wichtig, die individuellen Stärken von Menschen mit ADHS und ADS zu erkennen und zu fördern. Diese positiven Eigenschaften können dazu beitragen, die Herausforderungen besser zu bewältigen und ein erfülltes Leben zu führen.

Ich habe das assoziierte Denken und das analytische Denken; beide Denkstile bereichern mein Leben auf unterschiedliche Weise.

Mit meinem assoziierten Denken kann ich kreativ und flexibel denken. Ich bin in der Lage, verschiedene Ideen und Konzepte miteinander zu verknüpfen, was mir hilft, innovative Lösungen zu finden. Oft springe ich von einem Gedanken zum nächsten und dieser spontane Denkprozess führt zu unerwarteten Einsichten. Diese Fähigkeit, Verbindungen zu sehen, die anderen möglicherweise entgehen, eröffnet mir neue Perspektiven und inspiriert mich, originell zu denken.

Darüber hinaus ermöglicht mir mein analytisches Denken, Dinge strukturiert und logisch zu betrachten. Ich kann Probleme in ihre Einzelteile zerlegen und systematisch angehen. Diese Fähigkeit hilft mir, fundierte Entscheidungen zu treffen und komplexe Herausforderungen zu bewältigen. Wenn ich eine Situation analysiere, fühle ich mich sicherer, weil ich die Zusammenhänge verstehe und die richtigen Schritte ableiten kann.

Die Kombination beider Denkstile macht mich zu einem vielseitigen Problemlöser. Ich kann kreativ denken, um neue Ideen zu entwickeln und gleichzeitig analytisch vorgehen, um diese Ideen in die Realität umzusetzen. Diese Balance gibt mir das Selbstbewusstsein, in verschiedenen Situationen erfolgreich zu agieren.

Ich schätze meine Fähigkeit, sowohl assoziiert als auch analytisch zu denken, denn sie ermöglicht es mir, in unterschiedlichen Kontexten zu gedeihen. Diese Stärken helfen mir nicht nur im beruflichen Umfeld, sondern bereichern auch meine persönlichen Beziehungen und mein tägliches Leben. Ich bin stolz darauf, wie ich beide Denkstile nutzen kann, um Herausforderungen zu meistern und meine Ziele zu erreichen.

Ebenso bin ich sehr dankbar, dass in der Schule nie erkannt wurde, dass ich ADS habe. Als Kind durfte ich beobachten, wie mein jüngerer Bruder, der an ADHS litt, zu Ärzten geschickt wurde, weil er hyperaktiv war. Es war eine schwierige Zeit für uns alle. Zuerst bekam er Ritalin, doch das vertrug er nicht gut. Ich erinnere mich an die besorgten Gesichter meiner Eltern, als sie sahen, wie unwohl er sich bei der Einnahme fühlte. Es war, als würde eine dunkle Wolke über unserem Zuhause hängen.

Trotz der Schwierigkeiten gab man nicht auf und wechselte stattdessen zu Concerta. Die Veränderung, die dieses Medikament bei ihm bewirkte, war erschreckend. Es war, als wäre sein Wesen komplett verändert worden. Ich kann mich noch gut daran erinnern, wie ich ihn ansah und das Gefühl hatte, dass er nicht mehr wirklich da war. Es war, als würde er in einer leeren Hülle gefangen sein. Er wollte nicht mehr spielen und hatte auf nichts mehr Lust. Die fröhlichen, unbeschwerten Momente, die wir früher geteilt hatten, schienen plötzlich weit entfernt.

Selbst bei unseren gemeinsamen Mahlzeiten war es offensichtlich, dass etwas nicht stimmte. Er wollte nicht essen und ich fühlte mich machtlos, ihm zu helfen. Das Bild, das ich von meinem Bruder hatte, war nicht mehr das, was ich kannte. Es war herzzerreissend, ihn so zu sehen und ich fragte mich, wo der lebhafte Junge geblieben war, der zuvor voller Energie und Freude war.

Als mein Vater schliesslich beschloss, das Concerta abzusetzen, war ich erleichtert. Er wollte seinen Sohn zurückhaben und ich verstand seine Entscheidung. Auch ich vermisste die Unbeschwertheit, die wir einmal hatten; ich wollte, dass mein Bruder wieder der ist, den ich so sehr liebe, auch mit der **Aufmerksamkeits-Defizit-Hyperaktivitäts-Störung!**

Es war eine sehr emotionale Zeit für unsere Familie, ich fühlte mich oft verloren. Die Sorge um meinen Bruder und die Angst, dass er nie wieder der Alte werden könnte, lasteten schwer auf mir. Diese Erfahrungen haben mich geprägt und mir die Realität vor Augen geführt.

Nur weil ein Kind oder jemand an Aufmerksamkeits-Defizit-Hyperaktivitäts-Störung leidet, bedeutet das nicht, dass er krank ist oder Medikamente benötigt, besonders nicht im Kindesalter! Diese Auffassung frustriert mich zutiefst, denn ich glaube, dass wir es anders angehen müssen. Es ist wichtig, ADHS nicht als Krankheit oder Problem zu betrachten, sondern zu verstehen, was es wirklich ist.

Als ich mit meinem Bruder und seinen Herausforderungen konfrontiert war, wurde mir klar, dass wir ihn unterstützen sollten, statt ihn zu stigmatisieren. Kinder mit ADHS sind oft voller Energie und Lebensfreude und das ist ein wertvolles Geschenk. Statt sie in enge Rahmen zu pressen, sollten wir ihre einzigartigen Fähigkeiten fördern. Ich sehe es als unsere Verantwortung, als Familie und als Gesellschaft, diese Kinder zu verstehen und ihnen die nötige Unterstützung zukommen zu lassen.

Ich denke oft an die Lehrer da draussen. Wenn ihr merkt, dass ein Kind ADHS hat, wisst ihr, was los ist. Statt das Kind in die Ecke zu setzen oder zu bestrafen, solltet ihr überlegen, wie ihr ihm helfen könnt. Schickt das Kind mal hinaus, lasst es zehnmal um das Schulhaus laufen, damit es die überschüssige Energie loswerden kann. Nach so einem Sprint kann sich das Kind viel besser auf den Unterricht konzentrieren.

Es ist so wichtig, dass wir die positiven Aspekte von ADHS erkennen. Die Lebensfreude, die Kinder mit ADHS mitbringen, ist unbezahlbar. Sie haben oft einen anderen Blick auf die Welt, sind kreativ und voller Ideen. Ich habe gelernt, dass wir von ihnen profitieren können, wenn wir ihre Stärken fördern und nicht nur auf die Herausforderungen schauen.

Ich wünsche mir, dass wir als Gesellschaft mehr Verständnis und Akzeptanz für Kinder mit ADHS entwickeln. Es ist kein Makel, sondern eine andere Art zu sein, die es verdient, geschätzt und unterstützt zu werden. Diese Kinder haben so viel zu geben und es liegt an uns, ihnen die Bühne zu bieten, die sie verdienen. Ich hoffe, dass wir alle gemeinsam daran arbeiten, eine Umgebung zu schaffen, die diese wunderbaren, lebhaften Seelen willkommen heisst und ihnen hilft, ihr volles Potenzial zu entfalten.

Ich bin dankbar, dass ich selbst nicht in dieser Situation war, doch die Traurigkeit, die ich für meinen Bruder fühlte, wird mir immer in Erinnerung bleiben.

Wie ich zuvor erwähnt habe, bin ich froh, dass bei mir als Kind nicht erkannt wurde, dass ich das Aufmerksamkeits-Defizit-Syndrom (ADS) habe. Ich bin überzeugt, dass ich mich dadurch am besten entfalten konnte, ohne durch Medikamente eingeschränkt zu werden. Heute, wo ich verstehe, was ADS wirklich bedeutet, lasse ich mich nicht von den Meinungen anderer beeinflussen, auch nicht, wenn sie mir sagen, es sei eine Schwäche, ein Defizit oder eine Krankheit. Ich weiss, dass das nicht stimmt.

Für mich ist ADS eine Gabe, die mir Stärke verleiht. Diese Gabe eröffnet mir die Möglichkeit, die Welt auf eine besondere Art und Weise zu sehen. Sie ermöglicht es mir, Zusammenhänge zu erkennen, kreative Lösungen zu finden und mit einer Intensität zu leben, die viele nicht nachvollziehen können. Ich bin stolz darauf, wer ich bin. Diese Eigenschaften machen mich selbstbewusster und formen meine Identität.

Ich liebe es, mich selbst zu akzeptieren und zu schätzen. Die Tatsache, dass ich anders bin, ist kein Hindernis, sondern ein Geschenk. Ich habe gelernt, meine Energie und meine Leidenschaft zu umarmen und sie in alles zu investieren, was ich tue. Ich weiss, dass ich die Fähigkeit habe, Grosses zu erreichen und andere zu inspirieren.

Deshalb werde ich weiterhin für mich selbst eintreten und für alle anderen, die ähnlichen Erfahrungen erleben. Ich werde die Stimme sein, die sagt: "Ich bin wertvoll, ich bin einzigartig und das ist meine Stärke." Ich werde mich nicht verstecken oder mich anpassen, um den Erwartungen anderer gerecht zu werden. Ich bin hier, um zu strahlen, um mein Potenzial auszuschöpfen und um der Welt zu zeigen, dass das, was oft als Defizit betrachtet wird, in Wahrheit eine Quelle unermesslicher Kraft und Kreativität ist. Ich bin stolz auf meine Identität, ich bin stolz auf meine Gabe und ich beabsichtige immer, für das einzutreten, was ich bin.

Hier möchte ich dir, mal wieder etwas mit auf den Weg geben: Egal, wer deine Eigenart als Schwäche sieht, denke daran, dass du aus jeder Schwäche deine grösste Stärke entwickeln kannst. Umarme deine Unterschiede und lass deine Ängste los, dass du anders bist. Du bist nicht anders, du bist du und das ist genau richtig.

Lerne, dich selbst zu lieben, so wie du bist und erkenne, dass du wertvoll bist. Diese Erkenntnis wird dir die Kraft geben, deine Einzigartigkeit zu feiern. Sei stolz auf deine Individualität und die Perspektiven, die du in die Welt bringst. Lass dich nicht von den Meinungen anderer zurückhalten.

Umarme deine Schwächen, denn sie sind der Nährboden für dein Wachstum. Du bist stark, du bist fähig und du hast das Potenzial, Grossartiges zu erreichen. Deine Reise ist einzigartig und du hast alles, was du brauchst, um erfolgreich zu sein.

Stehe auf und erhebe deine Stimme für dich selbst, für deine Träume, deine Ziele und all das, was du erreichen möchtest. Sei bereit, die Welt zu verändern und deine Spuren zu hinterlassen. Du bist hier, um zu strahlen und du hast das Potenzial, deine eigene Stärke zu entfalten. Du bist du, liebe und glaube an dich, denn DU bist es wert.

Narzisst, Soziopath und Psychopath

Ich habe in meinem Leben viele Narzissten, Soziopathen und Psychopathen kennengelernt. Diese Erfahrungen haben mich sehr geprägt, denn ich kann bis heute nicht verstehen, wie jemand so sein kann. Doch gerade aus diesen Begegnungen habe ich eine wichtige Entscheidung getroffen: Ich möchte dir helfen, solche Menschen frühzeitig zu erkennen.

Es ist entscheidend, dass du die Warnsignale wahrnimmst und verstehst, dass es in Ordnung ist, Grenzen zu setzen. Du musst dir bewusst sein, dass du das Recht hast, dich selbst zu schützen. Lass dich nicht von charismatischen Persönlichkeiten blenden, die hinter einer Fassade verborgen sind. Achte auf ihr Verhalten und die Art und Weise, wie sie mit dir und anderen umgehen.

Deine Intuition ist ein kraftvolles Werkzeug. Wenn du ein ungutes Gefühl hast, vertraue darauf! Du hast die Fähigkeit, zu erkennen, wenn etwas nicht stimmt. Lass dich nicht von Zweifeln oder der Angst vor Ablehnung zurückhalten. Du bist stark und fähig, die richtigen Entscheidungen für dich zu treffen.

Es ist wichtig, dass du dich selbst wertschätzt und weisst, dass du es verdienst, mit Respekt und Liebe behandelt zu werden. Lass dich nicht von toxischen Menschen kleinhalten. Du bist wertvoll und hast das Recht auf gesunde Beziehungen, die dich unterstützen und ermutigen.

Nutze die Lektionen, die du aus deinen Erfahrungen gelernt hast, um dich weiterzuentwickeln. Lass diese Begegnungen nicht dein Leben bestimmen, sondern als Antrieb dienen, um noch bewusster und stärker in deinen Entscheidungen zu sein. Du bist nicht allein auf diesem Weg. Ich ermutige dich, deine Stimme zu erheben und für dich selbst einzustehen. Du hast die Kraft, das Umfeld zu schaffen, das du verdienst. Sei stolz auf deine Reise und darauf, dass du immer wieder für dich selbst kämpfst!

Zu Beginn möchte ich einige Gemeinsamkeiten von Narzissten, Psychopathen und Soziopathen hervorheben. Alle drei Persönlichkeiten weisen ein geringes Mass an Empathie auf und neigen dazu, andere Menschen zu manipulieren, um ihre eigenen Bedürfnisse zu befriedigen. Sie haben Schwierigkeiten, stabile Beziehungen aufzubauen und zeigen oft impulsives oder selbstzentriertes Verhalten. Doch trotz dieser Ähnlichkeiten gibt es wesentliche Unterschiede zwischen ihnen.

Zunächst einmal sind Narzissten durch ein übersteigertes Selbstwertgefühl und ein starkes Bedürfnis nach Bewunderung gekennzeichnet. Sie sind häufig charmant, können jedoch emotional instabil sein und neigen dazu, ihre Partner zu manipulieren, um ihre eigenen Interessen zu wahren.

Soziopathen hingegen zeigen impulsives Verhalten und emotionale Unreife. Sie haben Schwierigkeiten, langfristige Beziehungen aufrechtzuerhalten und halten sich oft nicht an soziale Normen. Ihre Impulsivität und Rücksichtslosigkeit können zu konfliktreichen Situationen führen.

Psychopathen schliesslich sind oft noch berechnender und skrupelloser. Sie können charmant und überzeugend auftreten, zeigen jedoch eine ausgeprägte Gefühllosigkeit und einen extremen Mangel an Reue für ihr Handeln. Ihre manipulative Natur macht sie gefährlich, da sie oft ohne Rücksicht auf die Konsequenzen für andere handeln.

In den folgenden Abschnitten werde ich jeden dieser Persönlichkeitstypen genauer betrachten und die spezifischen Merkmale und Verhaltensweisen untersuchen, die sie voneinander unterscheiden.

Der Narzisst

Eine Beziehung mit einem Narzissten kann zu Beginn unglaublich anziehend und leidenschaftlich wirken. Narzissten sind oft charmant und ziehen ihre Partner mit ihrer Ausstrahlung an, was dazu führt, dass man sich in der Anfangsphase der Beziehung sehr verbunden und glücklich fühlen kann. Doch dieses anfängliche Glück kann schnell in eine komplexe und schmerzhafte Dynamik umschlagen.

Im Verlauf der Beziehung beginnt man häufig, sich verwirrt zu fühlen. Narzissten senden oft widersprüchliche Signale; ihre Zuneigung kann schnell in Kritik oder Gleichgültigkeit umschlagen. Diese Unbeständigkeit schafft ein ständiges Gefühl der Unsicherheit, da man nie genau weiss, wo man steht.

Zusätzlich kann die Beziehung zu tiefem Selbstzweifel führen. Narzissten neigen dazu, die Schwächen ihrer Partner auszunutzen und sie herabzusetzen, um ihr eigenes Selbstwertgefühl zu stärken. Dies kann dazu führen, dass man beginnt, an sich selbst zu zweifeln und die eigene Wahrnehmung der Realität in Frage zu stellen. Man fragt sich, ob die Kritik gerechtfertigt ist und ob man tatsächlich so wenig wert ist, wie der Narzisst suggeriert.

Isolation ist ein weiteres häufiges Merkmal solcher Beziehungen. Narzissten versuchen oft, ihre Partner von Freunden und Familie zu isolieren, um mehr Kontrolle über sie zu gewinnen. Diese Isolation verstärkt das Gefühl der Einsamkeit und kann dazu führen, dass man den Kontakt zur Aussenwelt verliert, was die emotionale Belastung weiter erhöht.

Die ständige Angst vor Kritik oder Ablehnung ist ein weiterer belastender Aspekt. Man lebt in der ständigen Furcht, nicht gut genug zu sein oder den Erwartungen des Narzissten nicht gerecht zu werden. Diese Angst kann überwältigend sein und führt oft zu einem Gefühl der inneren Unruhe.

Emotionale Erschöpfung ist eine direkte Folge der ständigen Manipulation und des Drucks, den der Narzisst ausübt. Der Versuch, den Partner zufrieden zu stellen und die ständigen emotionalen Achterbahnfahrten können zu erheblichem mentalem Stress führen. Man fühlt sich oft ausgelaugt und hat das Gefühl, keine Energie mehr für sich selbst zu haben.

Schliesslich führt die ständige Unsicherheit und die emotionalen Höhen und Tiefen zu tiefem emotionalem Schmerz und Traurigkeit. Man hat oft das Gefühl, dass die Liebe nicht echt ist und leidet unter dem Verlust der eigenen Identität und Selbstachtung.

Wenn man schliesslich den Mut findet, sich aus einer solchen Beziehung zu lösen, kann dies ein überwältigendes Gefühl der Befreiung und des Neuanfangs mit sich bringen. Der Prozess des Loslassens kann zwar schmerzhaft sein, doch er bietet die Möglichkeit, sich selbst wiederzufinden und die eigene Selbstachtung zurückzugewinnen. Es ist wichtig, sich in dieser Zeit Unterstützung zu suchen, sei es durch Freunde, Familie oder professionelle Hilfe, um den Heilungsprozess zu unterstützen und sich von den emotionalen Wunden zu erholen.

Weibliche und männliche Narzissten zeigen einige ähnliche Verhaltensweisen, doch es gibt auch wichtige Unterschiede in der Art und Weise, wie sich ihre Narzissmus-Attribute ausdrücken.

Männliche Narzissten neigen dazu, ihre Selbstüberhöhung oft durch Dominanz, Macht und Aggressivität zu demonstrieren. Sie können als sehr wettbewerbsorientiert und durchsetzungsfähig erscheinen, was sich in ihrem Verhalten im Berufsleben oder in sozialen Situationen widerspiegelt. Männliche Narzissten zeigen häufig ein starkes Bedürfnis nach Kontrolle und können andere herabsetzen, um sich selbst zu erheben. Ihre Anziehungskraft kann auch durch Statussymbole und materielle Erfolge verstärkt werden.

Weibliche Narzissten hingegen nutzen oft subtile Manipulationen und emotionale Taktiken, um ihre Ziele zu erreichen. Sie können charmant und anziehend auftreten, zeigen jedoch häufig ein starkes Bedürfnis nach Bestätigung und Aufmerksamkeit. Weibliche Narzissten neigen dazu, ihre Anziehungskraft über Beziehungen und soziale Netzwerke auszuspielen, während sie gleichzeitig andere Frauen oder Rivalen herabsetzen, um sich selbst in den Vordergrund zu rücken. Emotionales Drama und das Spiel mit den Gefühlen anderer können ebenfalls typische Merkmale sein.

Zusammenfassend lässt sich sagen, dass männliche Narzissten oft direkter und aggressiver auftreten, während weibliche Narzissten häufig subtilere, manipulative Taktiken verwenden. Beide Geschlechter teilen jedoch grundlegende Merkmale des Narzissmus, wie ein übersteigertes Selbstwertgefühl und einen Mangel an Empathie.

Der Soziopath

Eine Beziehung mit einem Soziopathen kann eine Vielzahl intensiver und belastender Gefühle hervorrufen. Zu Beginn fühlt man sich oft verwirrt, da die Worte und Taten des Soziopathen häufig nicht übereinstimmen, was zu Unsicherheit über die Realität führt. Das unberechenbare Verhalten des Soziopathen kann ständige Angst hervorrufen, sowohl vor emotionaler Manipulation als auch vor potenzieller Gewalt.

Isolation ist ein weiteres häufiges Merkmal, da Soziopathen dazu neigen, ihre Partner von Freunden und Familie abzuschotten, was das Gefühl der Einsamkeit verstärkt. Diese Manipulation kann tiefe Selbstzweifel hervorrufen, da man beginnt, an der eigenen Wahrnehmung und dem eigenen Wert zu zweifeln. Enttäuschungen durch unerfüllte Versprechungen und der emotionale Druck des Soziopathen führen oft zu mentaler und emotionaler Erschöpfung, während die ständige Belastung und der Mangel an echter Verbindung Traurigkeit hervorrufen.

Letztlich kann die Entscheidung, sich von einem Soziopathen zu trennen, ein Gefühl der Erleichterung und Befreiung mit sich bringen, auch wenn der Weg dorthin schwierig ist. Insgesamt ist eine Beziehung mit einem Soziopathen herausfordernd und kann das emotionale Wohlbefinden stark beeinträchtigen, weshalb es wichtig ist, die eigenen Gefühle ernst zu nehmen und Unterstützung zu suchen.

Weibliche und männliche Soziopathen weisen einige Unterschiede in ihrem Verhalten und ihrer Interaktion mit anderen auf, obwohl sie beide bestimmte antisoziale Eigenschaften teilen.

Männliche Soziopathen neigen dazu, ihr Verhalten oft offener und aggressiver zu zeigen. Sie können impulsiv und risikobereit sein, was sich in gewalttätigem oder kriminellem Verhalten äussern kann. Männliche Soziopathen sind häufig konkurrenzorientiert und können versuchen, ihre Dominanz durch körperliche Präsenz oder Machtspiele zu demonstrieren. Sie zeigen oft ein geringes Mass an Empathie und neigen dazu, Beziehungen zu manipulieren, um ihre eigenen Ziele zu erreichen, was zu einer ausgeprägten emotionalen Kälte führen kann.

Weibliche Soziopathen hingegen nutzen häufig subtilere Taktiken zur Manipulation. Sie können charmant und anziehend auftreten, dabei jedoch emotionales Drama und soziale Manipulation einsetzen, um Kontrolle über ihre Umgebung und die Menschen um sie herum zu gewinnen. Weibliche Soziopathen zeigen oft ein starkes Bedürfnis nach sozialer Bestätigung und nutzen Beziehungen, um ihr Selbstwertgefühl zu steigern. Sie sind in der Lage, Empathie vorzutäuschen, um andere zu manipulieren, was ihre wahren Absichten verschleiern kann.

Zusammenfassend lässt sich sagen, dass männliche Soziopathen oft direkter und aggressiver in ihrem Verhalten sind, während weibliche Soziopathen subtilere und emotional manipulativere Strategien verwenden. Beide Geschlechter teilen jedoch grundlegende Merkmale wie einen Mangel an Empathie und eine Tendenz zur Manipulation.

Psychopathen

Eine Beziehung mit einem Psychopathen kann äusserst komplex und emotional belastend sein. In solchen Beziehungen erlebt man oft Verwirrung, da Psychopathen geschickt ihre wahren Absichten verbergen und es schwerfällt, ihre Gefühle und Motivationen zu erkennen. Diese Unberechenbarkeit führt häufig zu einem ständigen Gefühl der Angst und untergräbt das Sicherheitsgefühl in der Beziehung.

Isolation ist ein weiteres häufiges Merkmal, da Psychopathen dazu neigen, ihre Partner von Freunden und Familie abzuschotten, was ein tiefes Gefühl der Einsamkeit erzeugt. Die ständige Manipulation kann Selbstzweifel hervorrufen, da man beginnt, die eigene Wahrnehmung und Intuition in Frage zu stellen. Dies führt oft zu mentaler und emotionaler Erschöpfung, während der Mangel an echter emotionaler Verbindung Traurigkeit und Wut hervorrufen kann. Schliesslich kann der Prozess, sich aus einer solchen Beziehung zu lösen, mit einem überwältigenden Gefühl der Erleichterung und Freiheit einhergehen, auch wenn der Weg dorthin schmerzhaft ist. Insgesamt ist eine Beziehung mit einem Psychopathen herausfordernd und kann das emotionale und psychische Wohlbefinden stark beeinträchtigen. Es ist wichtig, sich der eigenen Gefühle bewusst zu werden und gegebenenfalls Unterstützung zu suchen, um die Selbstachtung wiederherzustellen.

In Beziehungen zwischen männlichen und weiblichen Psychopathen zeigen sich oft markante Unterschiede in ihrem Verhalten und ihren Strategien, obwohl beide Gruppen ähnliche manipulative und kontrollierende Tendenzen aufweisen.

Männliche Psychopathen sind häufig charismatisch und selbstbewusst, was sie anfangs sehr anziehend macht. Ihr charmantes Auftreten kann Partner schnell in ihren Bann ziehen. Doch hinter dieser Fassade verbirgt sich oft eine manipulative Persönlichkeit, die bereit ist, die Gefühle des anderen zu missbrauchen, um die eigenen Bedürfnisse zu befriedigen.

Sie neigen dazu, dominante und kontrollierende Verhaltensweisen zu zeigen, was zu einem Ungleichgewicht in der Beziehung führen kann. Ihre mangelnde Empathie macht es ihnen leicht, emotionalen Schmerz zuzufügen, ohne sich dafür zu schämen. Diese Beziehungen sind oft von intensiven Emotionen und Dramatik geprägt, was sowohl leidenschaftlich als auch schädlich sein kann.

Weibliche Psychopathen zeigen auf der anderen Seite ebenfalls manipulative Verhaltensweisen, jedoch oft auf subtilere Weise. Sie nutzen ihre Anziehungskraft und emotionale Intelligenz, um ihre Partner zu beeinflussen. Ihre Manipulation kann emotionaler Natur sein, indem sie Schuldgefühle oder Mitleid hervorrufen, um ihren Willen durchzusetzen. Auch sie zeigen einen Mangel an Empathie, was dazu führt, dass die emotionalen Bedürfnisse ihrer Partner häufig ignoriert werden. Beziehungen mit weiblichen Psychopathen sind oft von Drama und Konflikten geprägt, wobei sie Kontrolle durch soziale Manipulation oder das Schaffen von Abhängigkeiten ausüben.

Insgesamt sind Beziehungen zwischen Psychopathen, egal ob männlich oder weiblich, von intensiven Dynamiken, manipulativen Taktiken und einem ständigen Kampf um Kontrolle geprägt. Diese Verbindungen können faszinierend erscheinen, bergen jedoch erhebliche Risiken für die emotionale und psychologische Gesundheit der Beteiligten. Es ist wichtig, sich der potenziellen Herausforderungen bewusst zu sein und die Gefahren solcher Beziehungen zu erkennen, um sich selbst zu schützen.

In einer Beziehung mit einem Narzissten, Soziopathen oder Psychopathen können ähnliche emotionale Erfahrungen gemacht werden. Oft beginnt es mit Verwirrung, da die Partner widersprüchliche Signale erhalten und die Manipulationstaktiken unberechenbar sind. Ein ständiges Gefühl der Angst prägt die Beziehung, da man nie sicher sein kann, wie der Partner reagieren wird. Dies führt häufig zu tiefen Selbstzweifeln, da die emotionale Manipulation das Vertrauen in die eigene Wahrnehmung untergräbt.

Isolation ist ein weiteres gemeinsames Merkmal, da diese Persönlichkeiten oft versuchen, ihre Partner von Freunden und Familie zu trennen, was ein starkes Gefühl der Einsamkeit erzeugt. Die ständige emotionale Belastung führt zu Erschöpfung, während die Sehnsucht nach echter Verbindung und Verständnis tiefe Traurigkeit hervorrufen kann.

Zusätzlich kann sich Wut auf den Partner und sich selbst entwickeln, da man das Gefühl hat, in einer toxischen Beziehung gefangen zu sein. Wenn schliesslich der Mut gefunden wird, sich aus dieser Beziehung zu lösen, stellt sich oft ein Gefühl der Erleichterung und Befreiung ein, auch wenn der Weg dorthin schmerzhaft ist.

Insgesamt zeigen Beziehungen zu diesen Persönlichkeiten viele Gemeinsamkeiten in den emotionalen Herausforderungen, die sie mit sich bringen. Es ist wichtig, diese Muster zu erkennen, um die eigene psychische Gesundheit zu schützen.

Narzisstische, soziopathische und psychopatische Persönlichkeiten weisen bestimmte Verhaltensweisen und Merkmale auf, die es schwierig machen, mit ihnen umzugehen.

Narzisstische Menschen haben oft ein übersteigertes Selbstwertgefühl und ein starkes Bedürfnis nach Bewunderung. Sie stellen ihre eigenen Bedürfnisse über die der anderen und sind oft nicht in der Lage, Empathie zu zeigen. Das bedeutet, dass sie die Gefühle und Bedürfnisse anderer nicht wirklich verstehen oder berücksichtigen. In Gesprächen neigen sie dazu, sich selbst in den Mittelpunkt zu stellen und ignorieren häufig, was du zu sagen hast.

Soziopathen hingegen neigen dazu, impulsiv und unberechenbar zu sein. Sie zeigen oft ein mangelndes Verständnis für soziale Normen und Regeln. Ihr Verhalten kann rücksichtslos und schädlich für andere sein und sie haben Schwierigkeiten, stabile Beziehungen aufrechtzuerhalten. Sie können charmant und überzeugend erscheinen, doch hinter dieser Fassade verbirgt sich oft eine kalte, berechnende Natur.

Psychopathen zeichnen sich durch einen tiefgreifenden Mangel an Empathie und ein starkes Bedürfnis nach Kontrolle aus. Sie können manipulativ sein und nutzen oft die Schwächen anderer aus, um ihre eigenen Ziele zu erreichen. Ihr Mangel an Reue oder Schuldgefühlen macht sie besonders gefährlich, da sie bereit sind, andere für ihren eigenen Vorteil zu schädigen.

Der Umgang mit diesen Persönlichkeiten kann emotional belastend sein. Du könntest feststellen, dass du dich in ihrer Gegenwart unwohl fühlst oder dass du dich nach Interaktionen mit ihnen leer und erschöpft fühlst. Es ist wichtig, Strategien zu entwickeln, um dich zu schützen, wie das Setzen von klaren Grenzen, das Vermeiden von intensiven Interaktionen und das Suchen von Unterstützung bei Freunden oder Fachleuten, wenn du das Gefühl hast, dass du überfordert bist.

Narzisstische, soziopathische und psychopathische Persönlichkeiten sind die grössten Energieräuber, die du treffen kannst. Du wirst schnell merken, wie ihre Manipulationstechniken subtil, doch äusserst effektiv sind. Sie rauben dir nicht nur emotionale Energie, sondern beeinträchtigen auch deine mentale Klarheit.

Wenn du mit ihnen interagierst, fühlst du dich oft erschöpft und ausgelaugt. Sie dominieren Gespräche, ignorieren deine Bedürfnisse und konzentrieren sich ausschliesslich auf ihre eigenen Interessen. Ihre Fähigkeit, die Realität zu verzerren und Schuldgefühle zu erzeugen, lässt dich möglicherweise an dir selbst zweifeln.

Es ist wichtig, dass du lernst, Grenzen zu setzen und dich von solchen Personen zu distanzieren. Schütze deine Energie und erkenne, dass du nicht für das emotionale Wohl anderer verantwortlich bist. Indem du dich von diesen Energieräubern fernhältst, kannst du deine Lebensqualität verbessern und deine innere Stärke zurückgewinnen.

Hier möchte ich dir auch etwas mitgeben: Du wirst in deinem Leben auf Narzissten, Soziopathen und Psychopathen treffen. Es muss nicht nur in einer Partnerschaft sein; du kannst ihnen auch am Arbeitsplatz begegnen, sie können deine Freunde sein oder sogar jemand aus der Familie. Egal, wie sie sich dir gegenüber verhalten, vergiss nie deine Werte, die dich ausmachen. Diese Werte sind essenziell und du darfst sie niemals verlieren, denn sie definieren dich.

Gehe niemals auf ihr Niveau, denn das hast du nicht nötig. Du bist besser und du weisst es. Lass nicht zu, dass du zum Spiegelbild ihrer negativen Eigenschaften wirst, denn dann könntest du nicht mehr in den Spiegel schauen, ohne dein wahres Ich zu verlieren. Bleib so, wie du bist und halte an deiner Selbstliebe fest. Lass los, was dich belastet und transformiere diese Liebe in eine Kraft, die dich stärkt.

Du hast das Recht, in einem Umfeld zu leben, das dich unterstützt und ermutigt. Sei stolz auf deine Integrität und deine Authentizität. Du bist einzigartig und wertvoll und deine Werte sind das Fundament deiner Stärke. Lass dich nicht beirren und erinnere dich daran, dass du die Kontrolle über dein eigenes Leben hast.

Stehe auf für dich selbst und lass die Welt sehen, dass du nicht nur überlebst, sondern blühst. Du bist fähig, gesunde Beziehungen zu schaffen und zu pflegen, die dich auf deinem Weg unterstützen. Glaub an dich selbst und an die Schönheit, die in dir steckt. Du bist auf einem wunderbaren Weg und du verdienst es, in einem Umfeld zu sein, das deine Werte schätzt. Bleib stark, bleib du selbst und lass deine Selbstliebe erblühen!

Die Essenz meines Seins
Eine Reise zu mir selbst

Auf meinem Weg wurde ich seit meiner Kindheit von einigen inspirierenden Vorbildern begleitet, die mir Mut und Stärke gegeben haben. Zuerst war da Spirit, das unzähmbare Pferd, das seine Freiheit verlangte. Es hat mir gezeigt, wie wichtig es ist, für meine Träume und meine Unabhängigkeit zu kämpfen. Die berührenden Lieder von Bryan Adams haben mich in schwierigen Zeiten begleitet und mir immer wieder das Gefühl gegeben, dass ich nicht allein bin und dass ich meine Leidenschaft leben soll.

Dann sind da noch meine drei Queens: Jeanne d'Arc, Coco Chanel und Tina Turner. Jede von ihnen ist ein Symbol für starkes Selbstbewusstsein, Ehrgeiz und Zielstrebigkeit. Jeanne d'Arc hat mir beigebracht, dass Mut und Entschlossenheit selbst die grössten Herausforderungen überwinden können. Coco Chanel hat mir gezeigt, dass Kreativität und Individualität die Grundlage für Erfolg sind und dass ich meine eigene Stimme finden und ausdrücken kann.

Tina Turner hat mir mit ihrer unerschütterlichen Stärke und ihrem unbändigen Willen einen Weg gezeigt, wie ich trotz aller Widrigkeiten aufstehen und strahlen kann. Diese Vorbilder haben mir nicht nur Inspiration gegeben, sondern auch das Selbstvertrauen, meine eigenen Träume zu verfolgen. Sie haben mich gelehrt, dass ich die Kraft in mir trage, um meine Ziele zu erreichen, egal wie steinig der Weg auch sein mag. Ich bin stolz darauf, sie als meine Wegbegleiterinnen zu haben und ich lasse mich von ihrer Stärke leiten.

Deshalb habe ich mich entschieden, dir all meine Vorbilder ein bisschen näherzubringen. Alle haben mich in meinem Leben begleitet, sie haben auf ihre eigene Weise einen tiefen Eindruck in meinem Leben hinterlassen und mich geprägt, zu der Person, die ich heute bin.

Als Kind hat mich der Film "Spirit" tief berührt und motiviert, denn die Geschichte des Pferdes, das nach Freiheit strebte, weckte in mir den Wunsch, selbst frei zu sein und meinen eigenen Weg zu gehen. Die Verbindung, die ich zu diesem Film und seinem Hauptcharakter spürte, wurde noch verstärkt, als ich erkannte, dass mein Name, Liridona, die Bedeutung von Freiheit und Unabhängigkeit trägt.

Die Vorstellung von Spirit, dem wilden und mutigen Pferd, das sich nicht einsperren liess und für seine Freiheit kämpfte, inspirierte mich dazu, ebenfalls nach Freiheit und Selbstbestimmung zu streben. Ich fühlte eine tiefe Resonanz mit der Botschaft des Films, dass es wichtig ist, seinen eigenen Weg zu gehen, auch wenn dieser mit Hindernissen gespickt ist. Spirit verkörperte für mich den Mut, die Entschlossenheit und die Freiheitsliebe, die ich auch in mir spürte und die mich dazu anspornten, meinen Träumen und Werten treu zu bleiben.

Die Verbindung meines Namens mit dem Thema Freiheit verstärkte mein inneres Feuer und meinen Drang, mich von allen Zwängen und Einschränkungen zu befreien, um meine eigene Freiheit zu leben. Spirit und Liridona, zwei Wesen, die in ihrem Streben nach Freiheit und Selbstbestimmung vereint waren und mich immer wieder daran erinnerten, dass es wichtig ist, mutig zu sein, für seine Überzeugungen einzustehen und den eigenen Weg mit Stolz und Entschlossenheit zu gehen.

Durch den Film "Spirit" fand ich in meinem Lieblingssänger Bryan Adams eine weitere inspirierende Quelle. Als ich mehr über Bryan Adams erfuhr, wurde mir bewusst, dass wir viele Gemeinsamkeiten hatten, die mich mit ihm verbanden und die ich an ihm bewunderte. Eine der Gemeinsamkeiten, die mich mit Bryan Adams verband, war unsere Leidenschaft für Musik und unsere kreative Ader. Sowohl er als auch ich finden in der Musik einen Ausdruck unseres Innersten und eine Möglichkeit, unsere Emotionen und Gedanken auszudrücken. Wir teilen die Überzeugung, dass Musik eine universelle Sprache ist, die Menschen verbindet.

Zudem verbindet uns die Einstellung, authentisch und ehrlich zu sein. Bryan Adams steht für seine Überzeugungen ein und blieb sich treu, auch wenn es unbequem ist. Diese Haltung, seine Werte nicht zu kompromittieren und das zu sagen, was ihm am Herzen lag, war etwas, das auch ich schätzte und versuchte, in meinem eigenen Leben zu leben. In Bryan Adams fand ich nicht nur einen talentierten Musiker, sondern auch einen Menschen, der mit seinen Taten und Einstellungen viele positive Werte verkörperte, die auch mir wichtig waren.

Mein Herz schlägt im Einklang mit dem Song "The Best of Me" von Bryan Adams, denn in diesem Lied finde ich nicht nur eine Melodie, sondern eine tiefgreifende Verbindung zu meinen eigenen Gefühlen und Überzeugungen. Jedes Mal, wenn ich den Text höre und die Worte "You'll always have the best of me" erklingen, durchflutet mich eine Welle der Emotionen und Erinnerungen. Diese Zeile bedeutet mir unendlich viel, denn sie verkörpert meine Hingabe, meine Leidenschaft und meine Bereitschaft, mich mit ganzem Herzen für das einzusetzen, was mir wichtig ist.

Die Worte erinnern mich immer daran, dass ich immer mein Bestes geben werde, dass ich stets mit vollem Einsatz und Engagement dabei sein werde, egal, welche Herausforderungen oder Hindernisse sich mir in den Weg stellen. Die Kraft dieser Worte durchdringt meine Seele und gibt mir Mut und Zuversicht, meinen eigenen Weg zu gehen und meinen Überzeugungen treu zu bleiben. Sie erinnern mich daran, dass ich immer für das kämpfen werde, was mir am Herzen liegt, dass ich meine Leidenschaft und mein Engagement nicht nur in mir trage, sondern auch nach aussen trage, um anderen zu zeigen, wer ich bin und wofür ich stehe.

"The Best of Me" ist nicht nur ein Lied für mich, sondern ein Manifest meiner innersten Überzeugungen und Werte. Es ist die Melodie meines Lebens, die mich in schwierigen Zeiten stärkt und mir in guten Zeiten Freude schenkt. Mit jedem Ton und jeder Zeile fühle ich mich verbunden mit der Musik, mit dem Künstler und vor allem mit mir selbst, denn in diesem Lied finde ich die Essenz dessen, wer ich bin und wer ich sein möchte.

Lieber Bryan Adams,

falls du jemals die Gelegenheit hast, mein Buch zu lesen, möchte ich dir mitteilen, wie sehr ich dich als Person und Künstler bewundere. Du bist das einzige lebende Vorbild meiner bewunderten Persönlichkeiten und deine Musik hat mein Herz berührt und meine Seele erfüllt. Die Vorstellung, dich persönlich kennenzulernen, erfüllt mein Herz mit Freude und Aufregung. Du bist nicht nur ein talentierter Musiker, sondern auch ein Mensch, der mit seiner Kunst und seinen Taten viele Menschen inspiriert und berührt. Deine Leidenschaft, deine Hingabe und deine Authentizität strahlen in deiner Musik und deinem Engagement.

Wenn ich an die Möglichkeit denke, dich persönlich zu treffen, fühle ich eine tiefe Dankbarkeit. Deine Musik hat mich durch gute und schlechte Zeiten begleitet und deine Texte haben mir Trost und Hoffnung geschenkt. Die Idee, mit dir über Musik, Leben und Leidenschaft zu sprechen, erfüllt mich mit einer unbeschreiblichen Freude. Du bist nicht nur ein Künstler, sondern auch ein Vorbild für mich, ein lebendiges Beispiel dafür, wie man mit Leidenschaft und Engagement seine Träume verfolgen kann. Deine Musik hat mein Herz berührt und meine Gedanken inspiriert und ich bin dankbar, dass es Menschen wie dich auf dieser Welt gibt.

Wenn du jemals die Zeilen meines Buches lesen solltest, möchte ich dir von ganzem Herzen sagen, wie sehr ich dich als Mensch und Künstler schätze und wie sehr ich mir wünsche, dich eines Tages persönlich kennenzulernen. Deine Musik wird immer einen besonderen Platz in meinem Herzen haben und die Möglichkeit, mit dir in Kontakt zu treten, wäre für mich ein unvergessliches Erlebnis.

Tina Turner, Coco Chanel und Jeanne d'Arc – drei starke und inspirierende Frauen, die ich schon immer bewundert habe. Jede von ihnen verkörpert auf ihre Weise Eigenschaften und Werte, die auch ich in mir trage und die ich in ihnen als Vorbilder sehe.

Tina Turner, die Königin des Rock'n'Roll, strahlt eine unvergleichliche Energie und Lebensfreude aus. Sie hat es geschafft, sich aus schwierigen Lebensumständen zu befreien und sich neu zu erfinden, ohne jemals ihre Authentizität zu verlieren. Ihre Entschlossenheit und ihr Durchhaltevermögen sind Eigenschaften, die auch ich in mir trage und die mich immer wieder inspirieren, an mich selbst zu glauben und für meine Träume zu kämpfen.

Coco Chanel, die legendäre Modeschöpferin, steht für Eleganz, Stil und Unabhängigkeit. Sie hat mit ihrem revolutionären Design die Modewelt verändert und gezeigt, dass Frauen in der Modebranche ebenso erfolgreich sein können wie Männer. Ihre Vision und ihr Mut, neue Wege zu gehen und Konventionen zu brechen, spiegeln auch meine eigene Einstellung wider, meine Kreativität auszuleben und meinen eigenen Weg zu gehen, unabhängig von gesellschaftlichen Erwartungen.

Jeanne d'Arc, die tapfere und visionäre Kämpferin, hat mit ihrem Glauben an sich selbst und ihre Mission Geschichte geschrieben. Sie hat für ihre Überzeugungen gekämpft und ist dabei über sich selbst hinausgewachsen. Ihr Mut und ihre Entschlossenheit, für das zu kämpfen, woran sie glaubt, sind Werte, die auch ich in mir trage und die mich immer wieder daran erinnern, dass es wichtig ist, für seine Ideale einzustehen, auch wenn der Weg steinig ist.

Diese drei bemerkenswerten Frauen haben viele Gemeinsamkeiten, die ich auch in mir sehe und die mich zu meinen eigenen Stärken und Überzeugungen inspirieren. Ihre Beharrlichkeit, ihre Unabhängigkeit und ihre Leidenschaft sind Eigenschaften, die ich bewundere und die mich motivieren, meinen eigenen Weg zu gehen und meinen Träumen zu folgen.

Tina Turner, Coco Chanel und Jeanne d'Arc – drei einzigartige Frauen, die mich immer wieder daran erinnern, dass es wichtig ist, an sich selbst zu glauben und für seine Überzeugungen einzustehen.

Tina Turner

Tina Turner, geboren als Anna Mae Bullock   am
26. November 1939 in Nutbush, Tennessee, war eine
US-amerikanische   Sängerin,   Songwriterin   und
Schauspielerin, die als "Queen of Rock" und eine der
grössten weiblichen Rockstars aller Zeiten bekannt
wurde. Sie erlangte weltweite Bekanntheit durch ihre
kraftvolle Stimme, energiegeladenen Bühnenauftritte
und Hits wie "Proud Mary", "What's Love Got to Do
with It" und "Simply the Best".
Tina Turner begann ihre Musikkarriere in den 1960er
Jahren als Teil des Musikduos "Ike & Tina Turner",
dass sie mit ihrem Ehemann Ike Turner bildete. Das
Duo war bekannt für ihre explosive Bühnenshows und
Hits wie "River Deep - Mountain High". Nach einer
turbulenten Ehe und einer schmerzhaften Trennung
von Ike Turner in den 1970er Jahren startete Tina
Turner eine erfolgreiche Solokarriere, die sie zu einer
internationalen Musikikone machte.
In den 1980er Jahren feierte Tina Turner grosse
Erfolge mit Alben wie "Private Dancer" und Hits wie
"What's Love Got to Do with It", für den sie mehrere
Grammy   Awards   gewann.   Ihr   Comeback   war
beeindruckend und sie blieb über Jahrzehnte hinweg
eine gefeierte Künstlerin, die Millionen von Fans auf
der ganzen Welt begeisterte.

Tina Turner hat in ihrem Leben mehrere tragische Erfahrungen und Herausforderungen durchlebt, die sie geprägt haben. Eine der bekanntesten und schmerzhaftesten Tragödien in ihrem Leben war ihre missbräuchliche Ehe mit Ike Turner, die von körperlicher, emotionaler und psychischer Gewalt geprägt war. Tina Turner musste jahrelang unter den Misshandlungen und Demütigungen ihres Ehemannes leiden, bevor sie sich schliesslich in den 1970er Jahren von ihm trennte und die Ehe beendete.

Die Trennung von Ike Turner war ein langwieriger und schmerzhafter Prozess für Tina, der von finanziellen Schwierigkeiten, beruflichen Rückschlägen und persönlichen Herausforderungen begleitet war. Trotzdem gelang es ihr, sich von den traumatischen Erfahrungen zu erholen und eine erfolgreiche Solokarriere aufzubauen, die sie zu einer der grössten Musikikonen ihrer Zeit machte.

Eine weitere Tragödie in Tina Turners Leben war ihre gesundheitliche Krise in den 1980er Jahren, als sie mit schweren gesundheitlichen Problemen zu kämpfen hatte, darunter eine Nierenerkrankung und eine schwere Lungenentzündung. Trotz dieser gesundheitlichen Rückschläge kämpfte Tina Turner tapfer und überwand ihre Krankheiten, um ihre Musikkarriere fortzusetzen und weiterhin erfolgreich zu sein.

Tina Turner hat in ihrem Leben viele tragische Ereignisse und persönliche Herausforderungen überwunden, doch sie hat sich als starke und inspirierende Persönlichkeit erwiesen, die durch ihre Musik, Beharrlichkeit und Stärke Millionen von Menschen auf der ganzen Welt berührt und inspiriert hat. Trotz aller Tragödien in ihrem Leben ist Tina Turner eine Legende, die für ihre Überlebenskraft und ihren unerschütterlichen Glauben an sich selbst bewundert wird.

Tina Turner hat einen Sohn namens Craig Raymond Turner, den sie im Jahr 1958 während ihrer Ehe mit dem Saxophonisten Raymond Hill zur Welt brachte. Craig wuchs bei seiner Grossmutter auf und hatte später Kontakt zu seiner Mutter Tina Turner, die zu dieser Zeit bereits eine erfolgreiche Solokarriere hatte. Im Juli 2018 ereignete sich eine tragische und schmerzhafte Tragödie in Tina Turners Leben, als ihr Sohn Craig im Alter von 59 Jahren in seinem Haus in Kalifornien tot aufgefunden wurde. Craig Turner beging Selbstmord, indem er sich mit einer Schusswaffe erschoss. Sein plötzlicher Tod war ein Schock für seine Familie und Freunde und hinterliess eine tiefe Trauer und Traurigkeit.

Tina Turner äusserte öffentlich ihre Trauer über den Verlust ihres Sohnes und bat um Privatsphäre, um mit der Tragödie fertig zu werden. Der Tod von Craig Turner war eine herzzerreissende Tragödie in ihrem Leben, die sie emotional belastete und betroffen machte. Trotz der schmerzhaften Erfahrung gelang es Tina Turner, stark zu bleiben und mit der Unterstützung ihrer Familie und Freunde die Trauer zu verarbeiten.

Der Tod ihres Sohnes war eine der schwersten Tragödien in Tina Turners Leben, die sie dazu zwang, mit einem unvorstellbaren Verlust umzugehen. Trotz des schmerzhaften Verlusts hat Tina Turner weiterhin ihre Musikkarriere fortgesetzt und bleibt eine inspirierende und bewundernswerte Persönlichkeit, die durch ihre Stärke und Beharrlichkeit Millionen von Menschen auf der ganzen Welt berührt.

Tina Turner hatte in ihrem Leben verschiedene Beziehungen und Liebesgeschichten, die sowohl Höhen als auch Tiefen hatten. Eine ihrer bekanntesten und turbulentesten Beziehungen war die Ehe mit Ike Turner, die von Missbrauch und Gewalt geprägt war. Nachdem sie sich von ihm getrennt hatte, fand Tina Turner jedoch wieder die Liebe und baute eine neue Beziehung auf, die sie mit ihrem langjährigen Partner Erwin Bach führte.

Tina Turner und Erwin Bach lernten sich in den 1980er Jahren kennen und waren über 27 Jahre lang ein Paar, bevor sie im Jahr 2013 in einer privaten Zeremonie heirateten. Erwin Bach, ein deutscher Musikproduzent, war ein wichtiger Unterstützer und Begleiter in Tina Turners Leben und half ihr, sich von den Schatten ihrer Vergangenheit zu befreien und ein neues Kapitel zu beginnen.

Die Liebe zwischen Tina Turner und Erwin Bach wurde als stark und beständig beschrieben und sie fanden ineinander einen Partner, der sie respektierte, unterstützte und liebte. Trotz der Herausforderungen und Schwierigkeiten, die sie in ihrem Leben erlebt hatte, fand Tina Turner mit Erwin Bach die Liebe und Geborgenheit, nach der sie sich sehnte.

Die Beziehung von Tina Turner und Erwin Bach zeigt, dass es nie zu spät ist, die wahre Liebe zu finden und sich von den Schatten der Vergangenheit zu befreien. Die Liebe zwischen den beiden war eine Quelle der Stärke und des Trostes für Tina Turner und half ihr, ihre Vergangenheit zu überwinden und ein neues glückliches Leben zu führen.

Tina Turner ist nicht nur für ihre Musik bekannt, sondern auch für ihre beeindruckende Bühnenpräsenz, ihre Energie und Ausstrahlung. Sie hat zahlreiche Auszeichnungen erhalten, darunter mehrere Grammys, einen Golden Globe und einen Stern auf dem Hollywood Walk of Fame. Trotz persönlicher Herausforderungen in ihrem Leben war Tina Turner eine starke und inspirierende Persönlichkeit, die für ihre Musik, Leidenschaft und Beharrlichkeit bewundert wurde.

Trotz des intensiven Kampfes gegen ihre Krankheiten und der Herausforderungen, die sie in ihrem Leben meistern musste, verstarb Tina Turner am 24. Mai 2023. Sie war nicht nur eine herausragende Sängerin, sondern auch ein Symbol für Stärke und Resilienz. Ihre Musik und ihr unerschütterlicher Wille, sich gegen Widrigkeiten zu behaupten, inspirierten Millionen von Menschen weltweit.

Ihr Mut, ihre Erfahrungen offen zu teilen, machte sie zu einer Stimme für viele, die ähnliche Kämpfe durchlebten. Tina Turners Vermächtnis wird durch ihre Musik, ihre Lebensgeschichte und ihren unerschütterlichen Geist weiterleben. Ihr Tod ist ein grosser Verlust, doch die Spuren, die sie hinterlassen hat, werden niemals verblassen. Sie wird für immer als die „Queen of Rock'n'Roll" in Erinnerung bleiben, eine Frau, die das Unmögliche möglich machte und uns alle lehrte, wie wichtig es ist, für sich selbst zu kämpfen und niemals aufzugeben.

Coco Chanel

Coco Chanel, eigentlich Gabrielle Bonheur Chanel, war eine französische Modedesignerin, die als eine der einflussreichsten und legendärsten Figuren der Modegeschichte gilt. Sie wurde am 19. August 1883 in Saumur, Frankreich, geboren und verstarb am 10. Januar 1971 in Paris.

Chanel revolutionierte die Damenmode des 20. Jahrhunderts, indem sie klassische Eleganz mit schlichter Raffinesse und Funktionalität kombinierte. Sie war bekannt für ihre Entwürfe einfacher, geradliniger Kleider und Anzüge, die den weiblichen Körper betonten und eine neue Ära der Mode einläuteten. Chanel gründete ihr gleichnamiges Modehaus in den 1910er Jahren und schaffte es, sich als führende Designerin in der Pariser Modewelt zu etablieren. Sie prägte den Stil der "modernen Frau" und schuf ikonische Modeklassiker wie das kleine Schwarze, das Chanel-Kostüm und das Parfüm Chanel No. 5.

Abseits ihrer Modekarriere führte Chanel ein bewegtes Leben, das von persönlichen und beruflichen Herausforderungen geprägt war. Sie war bekannt für ihre Affären mit einflussreichen Männern und ihren unkonventionellen Lebensstil. Trotz Rückschlägen in ihrer Karriere schaffte es Chanel, sich immer wieder neu zu erfinden und ihr Modeimperium zu erweitern.

Coco Chanel wird bis heute als Stilikone und Pionierin der Modeindustrie verehrt. Ihr Erbe lebt in den zeitlosen Designs und dem unverkennbaren Stil ihres Modehauses fort, das auch nach ihrem Tod weiterhin eine bedeutende Rolle in der Modewelt spielt.

Coco Chanel war bekannt für ihren starken, unabhängigen und selbstbewussten Charakter. Sie war eine visionäre und revolutionäre Modedesignerin, die es wagte, die Konventionen ihrer Zeit herauszufordern und neue Trends zu setzen. Chanel war entschlossen, ihren eigenen Weg zu gehen und liess sich nicht von gesellschaftlichen Normen oder Erwartungen einschränken.

Als Frau in einer von Männern dominierten Branche war Chanel eine Pionierin, die es schaffte, sich in der Modeindustrie zu behaupten und ihren eigenen Stil zu etablieren. Sie war bekannt für ihre geradlinige und funktionale Ästhetik, die die traditionelle Damenmode revolutionierte. Chanel war auch für ihre schroffe und manchmal kontroverse Persönlichkeit bekannt. Sie war anspruchsvoll, kritisch und kompromisslos in ihrer Arbeit und hatte hohe Ansprüche an sich selbst und andere. Trotz ihres Rufes als Diva und Schwierigkeiten im Umgang mit Menschen war Chanel auch grosszügig und unterstützend gegenüber denen, die sie mochte und respektierte.

Insgesamt war Coco Chanel eine faszinierende Persönlichkeit, die sowohl für ihre revolutionären Designs als auch für ihren starken Charakter und ihren unabhängigen Geist bewundert wird. Sie bleibt bis heute eine Ikone der Modeindustrie und wird für ihren einzigartigen Beitrag zur Welt der Mode und des Stils verehrt.

Coco Chanel hatte in ihrem Leben mehrere bedeutende Liebesbeziehungen, die ihr Leben und Werk geprägt haben. Einer ihrer ersten und vielleicht wichtigsten Liebhaber war der britische Diplomat Arthur "Boy" Capel, der als ihre grosse Liebe galt. Capel unterstützte Chanel finanziell und half ihr, ihr erstes Modegeschäft zu eröffnen. Ihre Beziehung war jedoch kompliziert, da Capel verheiratet war und sie trotz ihrer tiefen Gefühle für ihn nie seine einzige Frau sein konnte.

Nach dem tragischen Tod von Boy Capel bei einem Autounfall im Jahr 1919 hatte Chanel weitere romantische Beziehungen, darunter zu anderen einflussreichen Männern wie dem Herzog von Westminster und dem Dichter Pierre Reverdy. Trotz ihrer Beziehungen zu prominenten Männern war Chanel jedoch auch bekannt dafür, unabhängig zu sein und ihr eigenes Leben zu führen, ohne sich von ihren Liebhabern abhängig zu machen.

Chanel hatte eine komplexe Beziehung zu Liebe und Beziehungen, die sich in ihrem Werk widerspiegelte. Sie war bekannt für ihre romantischen Vorstellungen von Liebe und Schönheit, doch auch für ihre pragmatische und unabhängige Einstellung gegenüber Beziehungen. Trotz ihrer emotionalen Verletzlichkeit und der Enttäuschungen in der Liebe gelang es Chanel, sich auf ihre Arbeit zu konzentrieren und sich als führende Designerin in der Modewelt zu etablieren.

Insgesamt war die Liebe ein wichtiger Aspekt im Leben von Coco Chanel, der ihre persönliche und berufliche Entwicklung beeinflusste. Ihre romantischen Beziehungen und ihre Vorstellungen von Liebe prägten ihr Werk und trugen zu ihrem Mythos als starke, unabhängige und faszinierende Frau bei.

Während des Zweiten Weltkriegs und der deutschen Besatzung Frankreichs hatte Coco Chanel Kontakte zu verschiedenen einflussreichen Persönlichkeiten, darunter auch zu deutschen Offizieren und Mitgliedern der Nazi-Regierung. Es gibt Berichte und Spekulationen darüber, dass sie eine Beziehung zum deutschen Diplomaten Hans Gunther von Dincklage hatte, der als Spion für die Nazis tätig war.

Es wird auch behauptet, dass Chanel während der Besatzungszeit in Paris in ihrer Wohnung im Ritz-Hotel lebte, das von den Nazis als Hauptquartier genutzt wurde. Jedoch gibt es keine eindeutigen Beweise dafür, dass Chanel eine aktive Kollaborateurin der Nazis war oder sich politisch mit ihnen verbündet hat.

Nach dem Krieg wurde Coco Chanel aufgrund ihrer angeblichen Verbindungen zu den Nazis vorübergehend verhaftet und verhört, bald darauf kam sie frei. Sie verliess Frankreich und zog sich eine Zeit lang ins Exil zurück, bevor sie in den 1950er Jahren ihr Modeimperium wieder aufbaute und zu alter Grösse zurückkehrte.

Die genaue Natur von Coco Chanels Beziehungen zu den Nazis und ihr Verhalten während der Besatzungszeit bleiben bis heute umstritten und kontrovers. Einige sehen sie als Kollaborateurin, andere als Opfer der Umstände. Trotz dieser dunklen Kapitel in ihrer Vergangenheit bleibt Coco Chanel eine legendäre Figur in der Modegeschichte, deren Einfluss und Erbe bis heute fortbestehen.

Jeanne d'Arc

Johanna von Orléans, auch bekannt als Jeanne d'Arc, war eine bemerkenswerte Figur des 15. Jahrhunderts, die durch ihren Mut und ihre Überzeugung zur Legende wurde. Geboren um 1412 in Domrémy, wuchs sie in einer Zeit des Krieges und der Unsicherheit auf, als Frankreich im Konflikt mit England stand. Johanna war von starkem Glauben geprägt, was sich in ihrer Sicht auf die Welt und ihre Rolle im Krieg widerspiegelte. Sie glaubte fest daran, dass sie von Gott auserwählt wurde, um Frankreich zu retten und den rechtmässigen König, Karl VII., auf den Thron zu bringen.

Ihre Charakterzüge waren beeindruckend; sie war unerschütterlich, entschlossen und voller Leidenschaft. Johanna besass eine bemerkenswerte Fähigkeit, Menschen zu inspirieren. Als sie sich den französischen Truppen anschloss, gelang es ihr, Soldaten und Offiziere zu motivieren, die zuvor in der Hoffnungslosigkeit gefangen waren. Ihr Charisma und ihre Überzeugungskraft trugen wesentlich dazu bei, dass die Belagerung von Orléans 1429 erfolgreich abgeschlossen werden konnte. Diese Siege gaben den Franzosen neuen Mut und führten letztlich zur Krönung Karls VII. in Reims.

Ihr Glaube war eine tragende Säule ihrer Identität. Sie war überzeugt, dass ihre Visionen und Stimmen, die sie als göttliche Eingebungen verstand, sie dazu aufriefen, für ihr Land zu kämpfen. Dieser Glaube gab ihr nicht nur die Kraft, sich den Herausforderungen zu stellen, sondern verlieh ihr auch eine Aura der Unbesiegbarkeit.

Jedoch war Johanna nicht nur eine militärische Anführerin; sie war auch eine komplexe Persönlichkeit, die in einer von Männern dominierten Welt ihren Platz einforderte. Ihr Mut, sich gegen gesellschaftliche Normen zu stellen und eine bedeutende Rolle in einem Krieg zu übernehmen, war sowohl bewundernswert als auch umstritten.

Schliesslich wurde sie 1431 von den Engländern gefangen genommen, vor Gericht gestellt und wegen Ketzerei verurteilt. Ihr Tod auf dem Scheiterhaufen machte sie zur Märtyrerin und zur nationalen Ikone Frankreichs. Johanna von Orléans bleibt bis heute ein Symbol für Glauben, Mut und den Kampf für die eigenen Überzeugungen.

Durch meine Vorbilder Jeanne d'Arc, Coco Chanel und Tina Turner fand ich immer den Mut, zu kämpfen und all meine Ziele zu erreichen. Diese Frauen halfen mir, in meiner schwersten Zeit, die von Depressionen und Angstzuständen geprägt war, zu überstehen. Jeanne d'Arcs unbeugsamer Glaube und Mut inspirierten mich, trotz dunkler Zeiten an Hoffnung festzuhalten und mich gegen innere Zweifel zu behaupten. Coco Chanels Unabhängigkeit und Stilsicherheit ermutigten mich, meine Ängste zu überwinden und mich selbstbewusst zu zeigen. Tina Turners Beharrlichkeit und Leidenschaft zeigten mir, dass ich trotz aller Herausforderungen und mentalen Belastungen meine inneren Dämonen besiegen kann.

Dank Jeanne d'Arc, Coco Chanel und Tina Turner fand ich einen Weg, mich aus dem dunklen Tal der Depressionen und Ängste zurück ins Licht zu kämpfen. Ihr spirituelles Erbe, ihre Stärke und ihre inspirierenden Lebensgeschichten halfen mir, meinen eigenen Weg der Heilung und Selbstfindung zu gehen. Durch ihre Beispiele erkannte ich, dass ich meine inneren Kämpfe überwinden und ein erfülltes Leben führen kann. Jeanne d'Arc, Coco Chanel und Tina Turner sind meine leuchtenden Sterne am Horizont, die mir auch in den dunkelsten Stunden Hoffnung schenken und mir zeigen, dass ich trotz aller Schwierigkeiten meinen Weg gehen kann.

Ich strebe danach, eine bemerkenswerte Frau zu sein, die in meinen Augen Eigenschaften von Jeanne d'Arc, Coco Chanel und Tina Turner verkörpert. Wie Jeanne d'Arc wünsche ich mir Stärke und Mut in meinen Überzeugungen, den Willen, für das einzustehen, was mir wichtig ist und die Entschlossenheit, Hindernisse zu überwinden. Ich bewundere Coco Chanels Unabhängigkeit, Selbstbestimmtheit und Stilsicherheit und strebe danach, ebenso selbstbewusst und elegant zu sein.

Wie Tina Turner möchte ich Herausforderungen mit Beharrlichkeit und Resilienz meistern, meine Leidenschaft und Energie nutzen, um andere zu inspirieren. Ich sehe in Jeanne d'Arc, Coco Chanel und Tina Turner starke Vorbilder, die mich dazu ermutigen, mein eigenes Potenzial zu entfalten und die Welt um mich herum positiv zu beeinflussen. Ihr Einfluss reicht über ihre jeweiligen Grenzen hinaus und ich betrachte sie als Quelle der Inspiration für meine eigene Entwicklung. Ich strebe danach, stark, selbstbestimmt und authentisch zu sein, um wie sie als eine einzigartige und bewundernswerte Frau wahrgenommen zu werden. Mit ihrem Vermächtnis vor Augen setze ich mir selbst hohe Ziele und glaube daran, dass ich Grosses erreichen und die Welt auf meine eigene Weise verändern kann.

Jetzt bist du an der Reihe, über deine Vorbilder nachzudenken. Wer sind sie und warum inspirieren sie dich? Vielleicht sind es Persönlichkeiten aus der Geschichte, aktuelle Führungsfiguren oder Menschen aus deinem persönlichen Umfeld. Überlege, welche Eigenschaften und Stärken sie haben, die du bewunderst.

Du könntest zum Beispiel von jemandem inspiriert sein, der für seine Überzeugungen kämpft, wie Nelson Mandela. Seine unerschütterliche Entschlossenheit und sein Glaube an Gerechtigkeit sind Eigenschaften, die dich motivieren könnten, für das einzustehen, woran du glaubst. Oder vielleicht bewunderst du Marie Curie, deren Leidenschaft für die Wissenschaft und die Fähigkeit, Hindernisse zu überwinden, dir zeigen, dass Hingabe und Fleiss zu grossartigen Erfolgen führen können.

Denk darüber nach, welche Charaktereigenschaften dich mit deinen Vorbildern verbinden. Hast du auch eine starke Überzeugung, die dich antreibt? Bist du bereit, Herausforderungen zu meistern und für deine Ziele zu kämpfen? Diese Eigenschaften sind es, die dich stärken und dir helfen, deine Träume zu verwirklichen.

Indem du die Stärken deiner Vorbilder erkennst, kannst du sie in deinem eigenen Leben anwenden. Lass dich von ihrem Mut und ihrer Resilienz inspirieren. Du hast das Potenzial, eine positive Veränderung in deinem Umfeld zu bewirken.

In schwierigen Zeiten kannst du dich an die Lektionen erinnern, die deine Vorbilder dir vermittelt haben. Ihr Beispiel kann dir als Licht dienen, das dir den Weg weist. Sei bereit, die Herausforderungen des Lebens mit Entschlossenheit und einem offenen Herzen anzunehmen. In dir steckt die Kraft, die du bewunderst und du kannst sie nutzen, um deine Träume zu verwirklichen und einen positiven Einfluss auf die Welt um dich herum auszuüben.

Nutze diesen Text als Inspiration, um deine eigenen Gedanken und Gefühle zu formulieren. Reflektiere über deine Vorbilder und finde die Stärke in dir, die dich antreibt, deine Ziele zu erreichen. Du bist fähig, Grosses zu leisten!

Zum Schluss möchte ich einen Moment innehalten und meine Dankbarkeit zum Ausdruck bringen. Es erfüllt mich mit Freude, dass du diese Reise an meiner Seite gegangen bist. Gemeinsam haben wir Gedanken und Werte erkundet, die für uns beide von großer Bedeutung sind. Diese Erfahrung hat nicht nur meine Perspektive erweitert, sondern auch meine Überzeugung gestärkt, dass wir durch den Austausch und das Teilen von Ideen wachsen können.

In einer Welt, die oft herausfordernd und unberechenbar ist, ist es umso wichtiger, sich gegenseitig zu unterstützen und zu inspirieren. Ich hoffe, dass ich dir einen authentischen Einblick in das gegeben habe, was mir am Herzen liegt, und dass wir beide ermutigt werden, weiterhin unsere Träume zu verfolgen und unsere Werte hochzuhalten. Lass uns diese positive Energie mitnehmen und gemeinsam in eine Zukunft voller Möglichkeiten und Erfolge blicken!

Zum Schluss möchte ich meine 11 persönlichen Werte mit dir teilen, die mir als Wegweiser auf meinem Weg dienen: Ehrlichkeit, Respekt, Verantwortung, Gerechtigkeit, Mitgefühl, Freiheit, Familie, Bildung, Solidarität, Hingabe und Freundschaft. Diese Werte prägen nicht nur mein Handeln, sondern motivieren mich auch, stets das Beste aus mir herauszuholen und anderen zu helfen, das Gleiche zu tun. Lass uns gemeinsam an unseren Werten festhalten und eine positive Veränderung in der Welt bewirken!

Ehrlichkeit ist für mich der Grundpfeiler jeder Beziehung. Die Verpflichtung zur Wahrheit und Authentizität lässt uns in einer Welt voller Masken und Fassaden strahlen. Wenn ich ehrlich bin, schaffe ich Raum für echte Verbindungen, die auf Vertrauen und Offenheit basieren. Ich glaube daran, dass die Wahrheit, auch wenn sie manchmal schmerzhaft ist, uns letztlich befreit und unsere Beziehungen vertieft.

Respekt ist eine weitere Säule, auf der ich mein Leben baue. Ich habe gelernt, anderen Menschen mit Achtung zu begegnen, unabhängig von ihren Ansichten oder ihrem Hintergrund. Jeder Mensch hat das Recht, als Individuum gesehen und gehört zu werden. Diese Wertschätzung schaffe ich nicht nur in meinen Beziehungen, sondern auch in meiner Umgebung, wo ich versuche, ein positives und respektvolles Klima zu fördern.

Verantwortung zu übernehmen, bedeutet für mich, die Konsequenzen meines Handelns zu erkennen und zu akzeptieren. Ich möchte nicht nur für mich selbst, sondern auch für die Menschen um mich herum Verantwortung tragen. Wenn ich meine Entscheidungen bewusst treffe, schaffe ich ein Gefühl von Sicherheit und Verlässlichkeit, das sowohl mir als auch anderen zugutekommt.

Gerechtigkeit ist ein Traum, den ich in meinem Herzen trage. Der Wunsch nach Fairness und Gleichbehandlung für alle treibt mich an. Ich will mich für Menschen einsetzen, die nicht die gleiche Stimme oder die gleichen Möglichkeiten haben wie ich. Jede kleine Tat, die ich für die Gerechtigkeit tun kann, bringt uns näher an eine Welt, in der jeder die gleichen Chancen hat.

Mitgefühl ist das Licht, das mir den Weg weist. Empathie und Verständnis für die Gefühle und Bedürfnisse anderer sind essenziell. Ich habe erlebt, wie wichtig es ist, zuzuhören und in schwierigen Zeiten präsent zu sein. Mitgefühl lässt uns menschlich sein und verbindet uns auf tiefere Weise.

Freiheit ist ein kostbares Gut, das ich in meinem Leben schätze. Das Recht und die Möglichkeit, Entscheidungen zu treffen und mein Leben nach meinen Vorstellungen zu gestalten, gibt mir Kraft. Ich möchte diese Freiheit nicht nur für mich selbst, sondern auch für andere fördern, damit jeder in der Lage ist, sein volles Potenzial zu entfalten.

Familie bedeutet für mich alles. Die Wertschätzung familiärer Beziehungen und Bindungen gibt mir Halt und Geborgenheit. Ich glaube fest daran, dass die Unterstützung, die wir in der Familie finden, uns stark macht und uns hilft, die Herausforderungen des Lebens zu meistern.

Bildung ist der Schlüssel zu persönlichem und gesellschaftlichem Wachstum. Wissen ist Macht und ich strebe danach, nie aufzuhören zu lernen. Ich bin fest davon überzeugt, dass Bildung uns Türen öffnet und uns die Werkzeuge an die Hand gibt, um eine positive Veränderung in der Welt herbeizuführen.

Solidarität ist für mich mehr als nur ein Wort; es ist ein Gefühl der Gemeinschaft. In schwierigen Zeiten ist es entscheidend, einander zu unterstützen und zusammenzuhalten. Ich möchte Teil einer Gemeinschaft sein, die sich gegenseitig stärkt und in den dunkelsten Stunden füreinander da ist.

Hingabe ist das, was ich in allem tue. Ob in Beziehungen oder im Beruf, ich bin tief verpflichtet und loyal. Diese Hingabe treibt mich an, Zeit und Energie zu investieren, um positive Ergebnisse zu erzielen und anderen zu helfen. Wenn ich meine Unterstützung und Fürsorge zeige, schaffe ich Verbindungen, die über das Oberflächliche hinausgehen. Im Beruf motiviert mich diese Hingabe, mein Bestes zu geben und die Welt um mich herum zu verbessern.

Freundschaft bedeutet für mich, enge Bindungen zu Menschen aufzubauen, die mein Herz berühren und mein Leben bereichern. Sie ist ein kostbares Geschenk, das auf Vertrauen, Unterstützung und gemeinsamen Erlebnissen basiert. In den Momenten des Lachens und der Freude, aber auch in Zeiten der Herausforderungen, finde ich in meinen Freunden und meiner Familie einen sicheren Hafen. Es ist diese Vertrautheit und Loyalität, die uns verbindet und unser Leben lebenswert macht.

Besonders in meiner Beziehung zu meinem jüngeren Bruder und meinen Cousinen spiegelt sich diese besondere Art von Freundschaft wider. Mein Bruder ist nicht nur mein Bruder, sondern auch mein bester Freund. Wir teilen die gleichen Träume, unsere Geheimnisse und unsere Ängste. In seinen Augen finde ich Verständnis und in seinem Lachen erkenne ich die Freude, die wir miteinander erleben.

Doch auch meine Cousinen spielen eine bedeutende Rolle in meinem Leben. Mit ihnen habe ich unzählige Abenteuer erlebt – sei es beim Spielen in der Kindheit, beim gemeinsamen Feiern oder bei den tiefgründigen Gesprächen, die uns im Erwachsenenleben begleiten. Sie sind wie Schwestern für mich, immer bereit, mich zu unterstützen und mit mir zu lachen. In ihrer Nähe fühle ich mich verstanden und akzeptiert und wir teilen eine besondere Vertrautheit, die uns verbindet.

Gemeinsam haben wir viele Erinnerungen geschaffen, die wie ein kostbarer Schatz unser Band stärken und uns durch alle Höhen und Tiefen tragen. Diese Beziehungen sind nicht nur Freundschaften; sie sind ein Teil von uns, ein Fundament, das uns Halt gibt. In der Umarmung meines Bruders und den herzlichen Umarmungen meiner Cousinen finde ich Trost. In jedem gemeinsamen Lachen spüre ich die Kraft unserer Beziehungen.

Freundschaft und Familie sind untrennbar miteinander verbunden und in dieser Verbindung liegt eine unendliche Liebe, die mein Leben erfüllt. Diese Bande geben mir nicht nur Halt, sondern motivieren mich auch, das Beste aus mir herauszuholen. Ich bin dankbar, dass ich so wunderbare Menschen um mich habe, die mein Leben bereichern und mir zeigen, was wahre Freundschaft bedeutet.

Ich hoffe, dass diese Werte auch dich inspirieren und motivieren, deine eigene Reise zu gestalten. Gemeinsam können wir eine Welt erschaffen, die von Ehrlichkeit, Respekt, Verantwortung, Gerechtigkeit, Mitgefühl, Freiheit, Familie, Bildung, Toleranz, Solidarität und Hingabe geprägt ist. Lass uns diesen Weg zusammen gehen und die positiven Veränderungen in unserem Leben und in der Welt vorantreiben.

Danke!

Danksagung

Als allererstes möchte ich meinem jüngeren Bruder danken. Danke, dass du nicht nur mein Bruder, sondern auch mein bester Freund bist. Du bist immer an meiner Seite, hast mich nie verurteilt und glaubst unerschütterlich an mich, selbst wenn ich an mir selbst zweifle. Deine bedingungslose Unterstützung gibt mir Kraft und Zuversicht und dafür bin ich dir unendlich dankbar.

Als nächstes möchte ich meinem Vater danken. Danke, dass du so furchtlos warst und stets als Visionär vorangegangen bist. Du hast mir beigebracht, was es heisst, zu kämpfen und niemals aufzugeben. Durch dich habe ich gelernt, dass alles möglich ist, wenn man es wirklich will. Deine Entschlossenheit und dein unerschütterlicher Glaube an mich sind wie ein Licht in meinem Leben, das mir den Weg weist.

Auch meiner Mutter danke ich von Herzen. Danke, dass du mir Disziplin beigebracht hast und mir gezeigt hast, dass Stärke oft mit Strenge einhergeht. Deine Werte und deine Hingabe haben mir geholfen, ein starkes Fundament für mein Leben zu schaffen.

Bei meiner besten Freundin Esra möchte ich mich ebenfalls bedanken. Danke, dass du mir stets die Augen geöffnet hast und immer mein wahres Ich gesehen hast. Auch wenn du manchmal hart zu mir warst, wusste ich, dass es aus Liebe und dem Wunsch heraus geschah, mich wachsen zu sehen. Deine offenen und ehrlichen Meinungen waren oft schmerzhaft, aber sie haben mich geformt und mir geholfen, mich selbst besser zu verstehen.

Zum Schluss möchte ich mich bei IHM bedanken.
Danke, dass du mir bedingungslos vertraut hast.
Du hast mir die Möglichkeit gegeben, mich zu beweisen und mein wahres Ich zu finden und zu lieben.
Ohne dich hätte ich dieses Buch nie geschrieben; es wäre nur eine flüchtige Idee in meinem Kopf geblieben. Deine bedingungslose Liebe, dein Vertrauen und die Wertschätzung, die du mir entgegenbringst, haben mir die Energie gegeben, dieses Ziel zu erreichen.

Natürlich danke ich auch all meinen Familienmitgliedern und Freunden und DIR, die mich unterstützt haben. Ihr seid ein unverzichtbarer Teil meines Lebens und ohne eure Liebe und Unterstützung wäre ich nicht der Mensch, der ich heute bin.

An alle, die ich hier erwähnt habe und die mich kennen: Ihr wisst, dass ich manchmal Angst habe, meine Gefühle zu zeigen. Doch ich habe euch gesagt, dass ich jetzt mein wahres ICH bin. Ich liebe mich bedingungslos, so wie ich auch euch bedingungslos liebe. Dank euch allen, dass es euch gibt. Ihr seid das Licht in meinem Leben und ich liebe euch von ganzem Herzen.